Pat Chen es una de las personas que más admiro. Es una líder cristiana de mucha experiencia con una visión global y un profundo conocimiento de Dios.

—John Dawson
Fundador, International Reconciliation Coalition
(Coalición Internacional de Reconciliación)

Pat Chen es una mujer a quien tengo en alta estima. Hemos servido juntos en posiciones de liderazgo por muchos años y me he dado cuenta de que es una mujer de gran integridad. Su sincero amor por Dios hace que los que la rodean deseen entrar en una relación más íntima con Él.

—Jane Hansen,
Presidenta y Directora Ejecutiva, Aglow Internacional

Esta moderna sulamita se dirige a nosotros como alguien que ha regresado del desierto, apoyándose en su Amado. Ella nos alienta a levantarnos e ir con ella para que conozcamos a Aquél sobre el cual ella se apoya. Este libro es para los que desean tener una relación más íntima y profunda con Dios.

—Kelly Allen
Amiga e intercesora
Anchorage, Alaska, EE.UU.

En calidad de esposo de Pat durante treinta y un años, se me ha permitido ver muy de cerca cómo vive una mujer según Proverbios 31. He observado cómo el Señor la ha ayudado a crecer y cómo la ha guiado con Su sensibilidad, sabiduría y revelación de las formas más increíbles. Realmente me considero un hombre sumamente bendecido por el amor que ella me tiene y por la profunda devoción que ella tiene por nuestro Señor Jesucristo. Estoy seguro de que por medio de este libro el Espíritu Santo ayudará a muchas personas a gozar de una mayor intimidad con Dios.

—Peter H. Chen, Jr.

Intimidad con el Amado

UN DIARIO DE ORACIÓN HACIA LAS PROFUNDIDADES DE LA PRESENCIA DE DIOS

Pat Chen

CASA
CREACIÓN

Intimidad con el Amado por Pat Chen
Publicado por Casa Creación
Una división de Strang Communications Company
600 Rinehart Road
Lake Mary, Florida 32746
www.casacreacion.com

A menos que se indique lo contrario,
todos los textos bíblicos han sido tomados
de la Versión Reina-Valera de 1960.

ISBN: 0-88419-717-4

Las definiciones han sido tomadas de la Vigésima primera
edición del Diccionario de la Real Academia Española,
1992.

Impreso en los Estados Unidos de Norteamérica

012345 VP 87654321

Dedico este libro a mi Amado, el Señor Jesucristo, mi Esposo celestial.

A la memoria de mi hermano, Roderick, quien sufría del síndrome de Down. Aunque ciego y mudo, nos enseñó a amar. Hoy se pasea por las calles del cielo, completamente sano.

A la memoria de Wanda, quien era una verdadera sierva. Para mí, Wanda fue cual Enoc, pues caminó con Dios y desapareció, pues durante la alabanza, el Señor se la llevó.

Me gustaría agradecer a:

Mi esposo, Peter, y mi hijo, Kenon.
Ustedes son los dos grandes amores de mi vida.

Mi familia, por todo su amor, sus oraciones y su apoyo.

Cecilia, por las incontables horas de apoyo y ayuda con este libro.

A todos mis intercesores, por sus poderosas y fieles oraciones.

ÍNDICE

Prefacio ix

Introducción x

PARTE I
LA PRESENCIA

1 Visitaciones del Espíritu Santo 1

2 ¿Quién es el Amado, y qué es la intimidad? 27

3 Una esposa dispuesta a pagar
el precio de la intimidad 41

PARTE II
EL CAMINO

4 La mano invisible 63

5 El lenguaje del amor 79

6 El silencio: la llave que abre la puerta al trono . . . 93

PARTE III
EL PROPÓSITO

7 Cita con el Amado 119

8 Lecciones aprendidas de alguien consagrado . . . 137

9 Amo al Señor de la mies 169

Conclusión 191

Notas 193

PREFACIO

Mi primer llamado es el de postrarme ante el Señor Jesucristo en oración y adoración. Mi Amado es mío, y yo suya.

Hace poco estaba buscando del Señor mientras estaba alojada en un lugar apartado para retiros, al pie de una montaña en California, EE.UU. Conforme compartía con el Señor mis preocupaciones acerca de mi ministerio de oración, Él habló a mi corazón: "Tú no tienes un ministerio de oración. Yo soy tu ministerio." ¿Qué puedo decir entonces? ¡Jesús es mi ministerio!

A través de mi vida de ministrarle a Él he descubierto que no importa quién seas, puedes tener una estrecha relación con el Señor. Esta maravillosa comunión con Dios no es para unos pocos privilegiados, sino para todo aquél que lo desee. No es sólo para los gigantes superespirituales que promocionamos. Es para todos. Deseo que todos conozcan y vivan el amor apasionado que Jesús siente por ellos.

Conforme leas las páginas de este libro, mi fervorosa oración es que entres en la presencia sanadora de Su amor, y que descubras un nuevo nivel de encuentro personal con Él. Que el Espíritu Santo te guíe en la búsqueda hacia una intimidad más profunda con el Amado.

—PAT CHEN

INTRODUCCIÓN

¿Sabías que antes de que tenga lugar el arrebatamiento de la iglesia de Jesucristo a la gloria, habrá otro arrebatamiento? El primer arrebatamiento no será físico, sino un arrobamiento, un éxtasis, un arrebatamiento de nuestros corazones, llenándolos de un amor llameante por Jesús, nuestro Amado. Antes de que nosotros, Su Esposa, escuchemos el sonar de la última trompeta, el Señor capturará nuestros corazones, estaremos embelesados en los cielos, en un santo idilio. Anhelaremos de tal manera al Esposo, que clamaremos por Su venida desde lo más profundo de nuestra alma. Clamaremos, ¡Maranatá!, que quiere decir, ¡Ven, Señor Nuestro!

La captura de nuestro corazón, el arrebatamiento de nuestros deseos y afectos, es un santo derramamiento de amor que surge de la Esposa ilusionada que espera la venida de su Esposo. Este es el romance divino. Esto es intimidad con el Esposo. Él es tu bebida abundante; así que ven, y deja que Él te satisfaga.

"Y el Espíritu y la Esposa dicen: Ven. Y él que oye, diga: Ven. Y él que tiene sed, venga: y él que quiera, tome del agua de la vida gratuitamente."
—APOCALIPSIS 22:17, VERSIÓN REINA VALERA 1960

PARTE 1

LA PRESENCIA

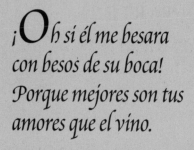

¡Oh si él me besara
con besos de su boca!
Porque mejores son tus
amores que el vino.

—Cantares 1:2

1

Visitaciones del Espíritu Santo

egún buscamos una mayor intimidad con Dios, tendremos épocas de visitaciones especiales del Espíritu Santo. ¡Cuán agradecida estoy de que el Señor nos extiende Su gracia de esta manera. Estos momentos de tan dulce comunión se llenan de asombro y temor reverencial conforme el corazón de Dios nos es revelado. Estos toques santos de Su Espíritu son un anticipo de gloria, una vista momentánea del éxtasis celestial que nos espera más allá del velo de esta vida. Estos momentos durante los cuales nos sentimos arropados por Su Espíritu son como si el amor de Dios nos estuviera besando.

LOS "BESOS" DE LA PRESENCIA DE DIOS

Una visitación santa no es una vivencia que podamos forzar. Jesús no nos visita en cualquier momento dado, mas sí viene cuando es adecuado para Él, y no siempre cuando nos conviene a nosotros.

Tuve una visitación del Espíritu Santo durante un tiempo de oración en una rústica cabaña ubicada en *Lord's Land*

Retreat (Lugar de Retiro La Tierra del Señor), en California, EE.UU. Esta estructura sencilla, escondida en los montes de Mendocino, fue transformada en altar santo de la presencia de Dios.

La cabaña de un solo ambiente estaba equipada con una estufa a leña, una llave de agua fría, dos sillas y un catre para dormir.Al entrar, miré por la ventana gigantesca y quedé pasmada por la belleza del lugar. Me sentía rodeada por toda la creación de Dios.

Me subí al desván, donde habían una pequeña ventana y un tragaluz, por el cual miré pasar las nubes por el cielo azul intenso. Al mirar por la pequeña ventana que tenía en frente, la vista de los altos secoyas y el denso bosque me deleitaban. De mi espíritu fluía agradecimiento y alabanza a Dios por la gloria de Su exquisita habilidad creadora.

DERRAMA TU CORAZÓN

Mi tiempo en la cabaña era limitado, así que comencé a orar con fervor. Susurré, "Señor, siento que casi no te conozco, pero deseo conocerte mucho mejor. Mientras más te conozco, más me doy cuenta de cuán poco te conozco en realidad. Deseo verte, sentir tu presencia. Quiero ser como Tu, y estar contigo". Mi corazón anhelaba más de Jesús.

De repente, la presencia de Dios se derramó sobre mí como un amor líquido. Sentí, casi palpé, la esencia de Su amor incondicional por mí. En ese momento, lo único que me importaba era el Señor, y nada más. Inundó mi alma con Su gloria, que supera descripción.

Conforme el Espíritu Santo se movía en mí, mi corazón comenzó a quebrantarse con un sentimiento de desesperación por Dios. Quebrantada hasta lo más extremo, le expresé al Señor lo que sentía en lo más recóndito de mi ser. Con frecuencia me he sentido profundamente conmovida, lo que me ha moldeado en quien soy hoy. Mas pocas veces los menciono. En esta ocasión derramé al Señor mis pensamientos y sentimientos más íntimos. Sabía que a partir de ese momento mi vida jamás sería la misma, porque estaba siendo transformada de gloria en gloria.

Cada uno de nosotros es único y especial, y tenemos distintos tipos de encuentros con Dios. Algunas personas se refieren a esas experiencias como "encuentros de poder", debido a que la presencia de Dios es fuertemente poderosa. Es durante estos encuentros que descubrimos la naturaleza y la personalidad del Espíritu Santo. Su amor se expresa de muchas maneras y disposiciones de ánimo. Conforme el Espíritu de Dios se derrama en y sobre nosotros, es posible que permanezcamos ajenos a los objetos que nos rodean. Sin embargo, parece como si nada ni nadie nos rodeara, excepto Jesús.

DALE EL PRIMER LUGAR

Ante la presencia de Dios, nunca resulta difícil rendirle nuestra mente, tiempo y planes al Señor. No hay lucha alguna contra Él, siempre tiene la preeminencia. Debemos darle siempre el primer lugar. Él es *Adonai*, el Soberano.

Cuando irrumpió Su presencia sobre mí, yo no había estado buscando ninguna experiencia en particular. Mi oración era, "Sólo quiero conocerte, Señor". ¿Es esta también tu oración? Cuando me sobrecogió la presencia de Dios, Él sencillamente estaba respondiendo al clamor de mi corazón. No era necesario que yo pensara en algo ni hiciera nada. No hubo preparación alguna, sólo una oración susurrada con todo el corazón.

No podía decir, "Oh Dios, espera. Sólo espera unos minutos y permíteme descender de este desván, porque necesito volver a subir la cima porque tengo que buscar algo". Ni siquiera lo consideré. En el momento de la visitación no importaba nada más que Dios. Yo había entrado en el campo de la eternidad, y el tiempo había perdido su significado. Me encontraba en un lugar seguro, a salvo con Jesús, el que ama mi alma. No era necesario ponerme a pensar, porque el Señor ya había estado pensando acerca de este encuentro. Formaba parte de Su plan. Dios también tiene un plan y un propósito para tener encuentros especiales contigo. Dios atrajo mi corazón con los ligeros empujoncitos del Espíritu Santo. Él me cortejó. Quiere cortejarte a tí también.

DESARROLLA SENSIBILIDAD A SU PRESENCIA

Al entrar a la cabaña de oración, sentí que allí estaba la presencia del Señor. Cuando practicamos a diario Su presencia y pasamos mucho tiempo en oración, nos tornamos sensibles a Él. Nos da una habilidad que nos permite discernir Su cercanía.

Cuando siento que el Espíritu Santo me da el más leve empujoncito, se alzan las antenas de mis oídos espirituales. Comienzo a escuchar, y mi espíritu se abre para recibirlo. Intento constantemente estar lista para recibir del Señor. No es difícil hacerlo. Él nos da la habilidad para ello conforme practicamos a menudo estar en Su presencia.

A la medida que vas cediendo tu espíritu ante Dios, se va haciendo cada vez más fácil entrar en Su presencia. Es como si mantuvieras siempre alzada tu antena espiritual, siempre esperando recibir la señal de lo alto. A veces, a pesar de todo, puede que tengamos que esforzarnos para ir más allá de las distracciones de la carne y de la mente. Somos seres humanos, falibles y finitos, y a veces nuestro espíritu está apagado y enfriado. Pero Dios nos ayudará.

NO HAGAS CASO OMISO DE SUS RUEGOS

Hay veces que entrar en la presencia de Dios no requiere de esfuerzo alguno. Para mí, éstas son épocas cuando siento que el Espíritu deposita en mí una intensa hambre y sed espiritual por las cosas de Dios. Estas son épocas de un intenso deseo espiritual, cuando no quiero correr el riesgo de perder oportunidad alguna con Él. Es en épocas como esas que respondo al susurro más leve del llamado del Espíritu.

Ves, si pierdo ese momento, si no respondo al dictado, a la guía del Espíritu Santo, es posible que jamás vuelva a darse la oportunidad para esa experiencia espiritual en particular. Cabe la posibilidad de que algo maravilloso se pierda para siempre. Esta es una de las lecciones más significativas que he aprendido con el transcurso de los años sobre cómo esperar en el Señor y recibir de Su Espíritu.

Con frecuencia vienen a mí personas que comparten cómo hicieron caso omiso o se resistieron a la presencia del Señor, para luego lamentarse de ello. El orgullo los obstaculizó y les hizo perderse de algo que Dios tenía para ellos. Permitieron que las circunstancias y las presiones de este mundo les dictaran cómo utilizar su tiempo. El Señor las llamó a una experiencia maravillosa, pero ellos se sintieron compelidos a levantarse y ponerse a hacer cosas, o tenían algunas pequeñas faenas o diligencias que terminar antes de esperar arrodillados ante Su presencia.

Si el Señor te da un empujoncito para que ores, jamás hagas caso omiso de él ni le des la espalda. Nunca digas, "Ahora no, Señor". Permite que Él, en ese mismo instante, te ministre, o te toque, o te hable, lo que sea que Él desee hacer. Es de esta manera que desarrollas y te tornas más sensible a Su voz. Con el tiempo aprenderá cómo esperar en Él mientras te ocupas en tu rutina diaria.

Este "encuentro de poder", ¿es algo que se aprende? No. Lo que sí se aprende es el sometimiento. Cada vez que te sometes a Dios, le das más de ti mismo, más de tu corazón, tus planes, tus deseos, tus esperanzas y tus sueños.

Ese día en la cabaña de oración en el bosque de Mendocino, el Señor me sorprendió. La presencia de Dios se derramó en la habitación y fluyó a través de mí. Su toque maravilloso me sobrecogió. Era una experiencia demasiado preciosa, demasiado sagrada, para detenerla o decir que no. Nuestro Dios es un Dios lleno de sorpresas. ¿Por qué no aceptas el paquete sorpresa que tiene para tí?

EXPERIMENTAR EL CIELO

Cuando primero comenzé a tener esta relación íntima con el Señor, hubo ocasiones en que el Señor me permitía apenas distinguirlo, entreverle por un momento. Me permitía tomarle el gusto al cielo.

Hay personas que dicen tener experiencias espirituales, mas la fuente de las mismas son su propia imaginación, no Dios. Uno siempre puede evaluar la experiencia de una persona a la luz de la Palabra de Dios, por su conducta y por el fruto de su relación con Dios. Un verdadero encuentro espiritual aumenta tu deseo de conocer a Dios y a Su Palabra. Una vez que uno le toma el gusto al cielo, quiere tornarse más hacia lo celestial. Tu conducta y naturaleza se transforman. Puedes saber a ciencia cierta si el toque divino en una persona es genuino. Cada vez que contemplamos el rostro de Jesucristo por medio de un encuentro con el Espíritu Santo, somos transformados. Nos tornamos más como Él. Cada toque del cielo nos transforma cada vez más en la imagen del Hijo de Dios.

Por tanto, nosotros todos, mirando a cara descubierta

como en un espejo la gloria del Señor, somos transformados de gloria en gloria en la misma imagen, como por el Espíritu del Señor.

—2 Corintios 3:18

CÉDELE EL CONTROL

El Espíritu Santo que mora en nosotros es poderoso, y todo lo puede. ¿Cuán poderoso es Dios? Tiene completo dominio sobre todo, y es dueño único. En nuestro interior Él ya es luz y vida, y desea ver Su vida revelada en la nuestra para que otros sean tocados por Su maravilloso amor.

Cuando nos rendimos a Su presencia, Su unción sobre nosotros aumenta y fluye a través de nosotros. Resulta mucho más fácil resistir al Espíritu Santo que someterse a Él. Nuestra carne exige el control. Al rendirnos a Su Espíritu, dejamos de lado ese control y nos resistimos a las exigencias de la carne.

La templanza, o el autocontrol, figura en la lista de los frutos del Espíritu. (Ver Gálatas 5:22 y 23) Es una cualidad maravillosa. En el campo de lo natural tememos a todo lo que nos haga sentir que hemos perdido el control. Mas, conforme rendimos al Espíritu Santo el control de nuestra vida terrenal, y de nuestros cuerpos, nos damos cuenta de que Él administra mucho mejor que nosotros nuestro tiempo y nuestra vida.

EL LUGAR SECRETO DEL ALTÍSIMO

Cuando entré en la cabaña de oración, el Espíritu del Señor ya estaba allí. Podemos, de hecho, entrar en una habitación y encontrar que el Señor está allí, esperándonos. Mas, existe un lugar en el Espíritu que va más allá de la experiencia que tuve en la cabaña de oración. Lo que estoy a punto de describir no tiene nada que ver con entrar en una habitación.

He aquí lo que sucedió acto seguido.

Podemos entrar en Su presencia al orar, y nos damos cuenta de que Su presencia se convierte en el lugar dentro del cual estamos orando. Es como si de repente uno fuera transportado desde su lugar físico de oración hasta entrar en el campo espiritual. Ya no está uno orando en la tierra, sino dentro del lugar santísimo. Eso fue lo que me ocurrió a mí. Ya no me encontraba más dentro de esa cabaña. Estaba en Él. En esos momentos uno lo siente a Él. Cuando gozas de este tipo de comunión con Él, el Señor y tú se convierten en una unidad, son uno. Él es la habitación. ¡Él lo es todo! Nada existe fuera ni más allá de Él.

Más allá de un encuentro con el poder de Dios, es tomar consciencia íntima de la personalidad de Dios. Es el Espíritu Santo revelándote a Jesucristo. (Ver Evangelio de Juan 14:16 a 31.) Su presencia no es meramente un sentimiento. Él es una Persona. Puedes llegar a conocer Su personalidad y Su modo de ser: Él es amor puro, generoso y cortés, tierno y te acepta. Cuando Dios te visita, tienes un sentir de cuáles son Sus sentimientos para contigo: un amor completo e incondicional. Siente una satisfacción tal, que es imposible de describir. En tu corazón hablas con Él, y Él te responde. A veces escuchas palabras, mas otras veces permite que estés consciente de cómo piensa o qué siente Él.

En la cabaña de oración la presencia inconfundible de Dios me reveló el amor tan profundo que siente por mí. No hay palabra que puedan expresar adecuadamente el gozo que se siente en esos momentos.

> En tu presencia hay plenitud de gozo; Delicias a tu diestra para siempre.
>
> —Salmos 16:11

AHONDANDO EN SU PRESENCIA

Aprendí cómo rendirme a la presencia de Dios ahondando en Él, o sea, buscándolo con deliberación. Cuando sentía Su presencia, me humillaba lo suficiente como para admitir que anhelaba al Señor desesperadamente. Añoraba Su cercanía. Deseaba lo que Él deseara para mí, así que, seguía esforzándome por buscar de Dios. La Biblia nos alienta a "Acercaos a Dios, y él se acercará a vosotros" (Santiago 4:8).

El Espíritu Santo nos atrae hacia la presencia de Dios arraigando en nuestro corazón un deseo intenso por la misma. Conforme voy leyendo la Palabra de Dios, me va acercando más a Él.

Ese deseo profundo por Dios viene sólo de Él, pídele que te atraiga a sí mismo. Con pureza de corazón clama a Él para que renueve en tí la llama del deseo santo. La Biblia dice que el hambre de Dios viene de arriba. No la podemos fabricar por cuenta propia. Pídele que tu corazón, que espera en Él, sea llenado de un deseo puro hacia Él. Pídele a tu Esposo celestial que te atraiga a Su lugar secreto.

> Atráeme; en pos de tí correremos.
>
> —CANTARES 1:4

EL MANANTIAL DE SU PRESENCIA

Mientras estaba sentada en una mecedora frente a la estufa a leña, un ciervo se arrimó a la cabaña. Continué meciéndome y orando en mi lengua celestial, y una vez más sobre mí descendió una nube llena de la presencia de Dios. Esta vez me mostró un pozo profundo que escarbaba dentro mío y dentro de los corazones de otros creyentes.

El Espíritu Santo nos habla y nos instruye de muchas maneras diferentes. A veces Dios nos da sueños y visiones. El Espíritu de Dios vino sobre mí y comenzó a enseñarme acerca del manantial que fluye en Su presencia. Esta es el agua que anhela beber la humanidad. Es el manantial de la salvación y la sanidad completa en lo más profundo del corazón del creyente; es un manantial que sólo Dios puede cavar. Es el único que llena el manantial de agua viva y hace que se desborde. El Señor le está proporcionando al cuerpo de Cristo una mayor capacidad para que pueda recibir de Él, y, por ende, la habilidad de compartir más libremente con los demás. En nuestro mundo hay más necesidad que nunca antes, y en los años venideros el Señor nos utilizará como nunca antes para suplir esa necesidad.

> "He aquí Dios es salvación mía; me aseguraré y no temeré; porque mi fortaleza y mi canción es JAH Jehová, quien ha sido salvación para mí. Sacaréis con gozo aguas de las fuentes de la salvación."
>
> —ISAÍAS 12:2 A 3

Este manantial que viene de Dios te restaura y te da descanso interior. Te brinda una satisfacción incalculable. Una vez que descubres este manantial, querrás volver a él una y otra vez. Nada te satisface ni apaga tu sed como un sorbo de este manantial de agua fresca.

El manantial de agua viva te quitará la sed del mundo y de las cosas de esta vida. Hasta que los demás la prueben ellos mismos, jamás comprenderán a cabalidad cuán bueno es el Señor. La Palabra de Dios dice: "Gustad y ved que es bueno Jehová; Dichoso el hombre que confía en él" (Salmos 34:8). El creyente jamás conocerá la verdadera riqueza de la bondad de Dios hasta que haya gustado del manantial de sus placeres. Cada sorbo de este manantial te refresca. Los ríos de Dios emanan de los manantiales profundos del interior, fluyendo desde tributarios y lugares recónditos que los demás jamás entenderán.

"Del río sus corrientes alegran la ciudad de Dios".

—SALMOS 46:4

DANDO CONTRA LA ROCA

Cuando la unción de Dios me sobrecogió esa mañana, en mi mente vi un manantial profundo y un pozo. Noté que del río fluían muchos manantiales, que corrían tanto por encima como por debajo de la tierra. En lo natural, algunos manantiales fluyen en la superficie, y otros subterráneamente, por debajo de muchas capas. Si profundizas los suficiente, a la larga te toparás con el lecho de roca, o roca sólida.

Es esto precisamente lo que vi acerca del cuerpo de Cristo: capas de tierra que interrumpían la corriente de agua. Entonces el Espíritu de Dios fluyó hacia abajo, abriendo camino entre las capas de roca. Hasta que sintamos esta libertad, debemos orar continuamente por avivamiento en el cuerpo de Cristo.

¿A qué se debe que algunos de los encuentros que tenemos con el Señor sean más profundos que otros? En nuestro ser hay muchas capas, y a veces nos topamos con un lecho de roca que tiene que ser quitado del paso para que podamos llegar al próximo subsuelo donde fluye el agua.

Quizás nos topemos con cosas en nuestra alma que obstaculizan la oración. Es necesario quitar estas capas de roca. A lo mejor la roca es falta de perdón, o testarudez o rebelión. Estas rocas duras en nuestro corazón resisten al Espíritu Santo y no nos permiten ahondar hasta tener una vida rica en oración.

Conforme ahondamos en Dios, el Espíritu Santo revela la existencia de estas rocas para poder quitarlas de en medio, entonces nuestro corazón se ablanda y cede más al Espíritu. Al ser libertados de estos obstáculos, con frecuencia sentimos que se libera sobre nosotros y nuestro ministerio una mayor unción. Cada una de las veces, el arrepentimiento es lo que ayuda a sacar las rocas que obstaculizan el camino.

Cuando uno traspasa una capa de roca y llega al próximo nivel, sucede algo maravilloso. Uno empieza a beber de Su alfolí de placeres. Su amor te refresca y cumple todos tus anhelos. Uno se da cuenta de qué es lo que ha estado buscando durante toda la vida. Su presencia llena de amor trae consigo un sentirse completo, sanidad y bienestar que ningún alimento, droga, fármaco, persona, bien material ni placer mundano jamás puede reproducir. Este tipo de libertad en oración te dejará sin aliento por la emoción.

COMO EL CIERVO BRAMA POR LAS CORRIENTES DE LAS AGUAS

Al mirar por la ventana de la cabaña de oración, recordando el ciervo que se había acercado a ella, se me ocurrió que es éste el tipo de relación que describe el Salmo 42. Nuestro corazón no es sólo como el ciervo apacible, mas también como el ciervo desesperado a quien el enemigo ha estado persiguiendo para cazarlo. Nuestro corazón anhela beber el agua refrescante de un arroyo de agua viva.

Como el ciervo brama por las corrientes de las aguas,
Así clama por tí, oh Dios, el alma mía.

—SALMO 42:1

En parte, lo que nos conmueve y emociona al buscar una relación íntima con el Todopoderoso, es la espera y la búsqueda; bramar por Él. A veces el bramido es uno de desesperación, donde nos parece que no podemos dar ni un paso más a menos que el agua de Dios nos refresque. El Salmo 42 ha sido la escritura más importante que me ha ayudado a cumplir con el llamado de Dios sobre mi vida y el mensaje que Él me ha dado para compartir.

Solo Dios puede quitar las piedras, las rocas del pecado y los secretos que guardamos hasta de nosotros mismos. Todos guardamos secretos de los demás, pero hay secretos sobre nosotros que el Senor guarda de nosotros. Hay cosas acerca de mí misma de las cuales no tengo consciencia y que no puedo ver, mas Él no me permite verlas para protegerme. Él sabe lo que hay dentro mío y qué hay que extirpar de mi corazón. Él sabe qué dones y llamamientos hay que despertar en mí. Él sabe todo lo que hay en mi corazón, aún los tesoros de Su Espíritu, los dones que Él ha depositado allí.

Dios viene a nosotros en la visitación porque se goza en nosotros y quiere que nosotros nos gozemos en Él. La comunión con Jesucristo es un deleite mutuo; jamás se beneficia una sola parte. Esta dulce comunión se torna aún más dulce al saber que es algo que le da placer. No sólo nuestro corazón anhela a Dios. ¡Su corazón también nos anhela! Él se complace en nosotros.

ESPERAR POR SU PRESENCIA

No sabemos cómo esperar. El Señor nos llama; nos llama para que nos acerquemos y pasemos tiempo con Él, mas no sabemos cómo esperar. Con frecuencia nos damos por vencidos demasiado rápido, nos desanimamos. Mas esperar bien vale la pena. En vez de esperar, intentamos satisfacer nuestros deseos y anhelos mediante sustitutos. Pero lo único que se requiere de nosotros es esperar, a veces varios días. Aparta un tiempo sólo para Dios. Son tiempos para permanecer callados, meditar en Su Palabra, de adorarle y siempre de alabarle. La disciplina de la espera es algo acerca de lo cual la mayoría de nosotros sabe muy poco.

Cuando Su presencia irrumpe en nuestro tiempo de oración, con frecuencia viene lleno de poder, amor y pasión. Su Espíritu entra como un fuerte viento recio, un gran paquete sorpresa envuelto con un gran moño.

Cuando uno lo siente de este manera, puede que clame a viva voz: "¡Tu Señor, eres el gozo de mi alma! Llenas mi corazón con gozo y con cánticos. Mi corazón rebosa de amor por tí, Oh Dios. Une nuevamente todas las piezas rotas de mi vida. Envía el aliento de Tu Espíritu para que sople somis inseguridades y se las lleve. Límpiame en Tu presencia. Lo único que deseo es estar contigo en tu gloriosa presencia.

En otras oportunidades puede que venga con gran silencio y quietud, y puede que no logres moverte ni hablar palabra. Este tipo de visitación de Dios es estremecedora.

Ciertamente nuestro Dios es el Dios de lo "repentino". Mientras esperas en Él descenderá sobre tu corazón en un instante. Puede también que pases por largos periodos durante los cuales no sientas, ni veas, ni escuches nada conforme esperas por Su presencia. No importa. Él está ahí, observando cada uno de tus movimientos y escuchando cada uno de tus pensamientos. Él sabe, y Él está allí contigo.

¿Estás dispuesto a esperar por Él en silencio, ilusionado? ¿Estás dispuesto a pagar este precio para tener intimidad con tu Esposo Celestial? Pídele que te enseñe cómo esperar en Él.

UN HUERTO CERRADO

Sólo Dios puede cavar este manantial, y sólo Él lo puede llenar. Si eres creyente, en lo más profundo de tu corazón yace un manantial del Espíritu de Dios. Hay mucho que ha sido depositado en tí que sólo Dios sabe Su valor y lo comprende: dones del Espíritu, unciones, anhelos, visiones, planes y propósitos de Dios. Los demás pueden beber de tu manantial conforme fluye la vida de Dios por medio tuyo en tus palabras, acciones y hechos. No sólo los tesoros del Espíritu de Dios que están en lo más profundo de tu ser sirven para refrescar a otros, sino que Dios mismo desea ser refrescado por tu amor. Es este el tipo de comunión que Él desea.

> Huerto cerrado eres, hermana mía, esposa mía; Fuente cerrada, fuente sellada.
>
> —CANTARES 4:12

Al igual que sólo Dios puede cavar este manantial, es el único que puede destrabar el huerto de nuestro corazón. Fue eso lo que me ocurrió a mí allí, sentada en una mecedora. Se rompió una cerradura, y en ese momento recibí revelación de Su Palabra y un nuevo entendimiento de cuánto me desea Él a mí. Esta es la purificación en el lavamiento del agua por la Palabra (Ver Efesios 5:26).

Hay muchos obstáculos diferentes que traban el huerto de nuestro corazón. ¡Sólo Jesús el Señor, el que ama nuestra alma, puede destrabar nuestro huerto interior! Él es quien tiene la llave, mas nosotros debemos darle permiso para entrar y destrabar los corredores interiores.

Hay quien opina que la llave está en nuestro interior y que somos nosotros los responsables de abrir la puerta. Sin embargo, Él es quien tiene la combinación, el que conoce la fórmula que aceptará la última vuelta, qué destrabará la puerta para dar rienda suelta a Su presencia en nuestro interior. Es Él quien lo hace todo.

Podemos intentar forzar a Dios a que actúe en nosotros de la misma manera que en el pasado, pero pronto descubrimos que nos es imposible hacerlo. Lo he intentado, y no funciona. Jamás debemos albergar la expectativa de que el mismo tipo de visitación santa se repetirá en nuestra vida cuando y como nosotros así la deseemos. Sencillamente nos toca esperar a que Él lo realice. Lo que ocurrió en la cabaña de oración no fue previamente planificado. Es Dios quien dicta cuándo nos visitará, y cada encuentro es exclusivo y orquestado por Él.

BENDECIR A DIOS

> Levántate Aquilón, y ven, Austro; Soplad en mi huerto, despréndanse sus aromas. Venga mi amado a su huerto, Y coma de su dulce fruto.
>
> —CANTARES 4:16

Mi deseo es que el Señor Jesús permanezca aquí en el huerto de mi corazón, en el manantial de mi deseo, y se goce con mi devoción. Conforme Su presencia se posa sobre mi corazón doliente, la fragancia del Espíritu Santo libera un aroma dulce y celestial.

Con frecuencia nos quedamos en Su presencia, gozando de la cercanía de Dios, mas nunca olvidemos que Él también anhela tener comunión con nosotros. Recibimos una bendición mayor cuando nuestro deseo primordial es bendecir a Dios. Intenta descubrir qué es lo que lo complace a Él.

¿Qué es los que satisface Su deseo? Lo complacemos al obedecer Su Palabra, pues el obedecer es mejor que los sacrificios. Lo complacemos cuando compartimos lo que tenemos con los demás. También lo complacemos cuando pasamos tiempo a solas con Él en oración cuando Él no nos los ha pedido, y cuando lo adoramos sin buscar sus bendiciones. Acércate a Él en dulce abandono y adoración, rindiéndote ardiente y apasionadamente a Él. Que quede satisfecho con nuestro fruto escogido, el fruto del Espíritu y de nuestro amor.

La mayor satisfacción que jamás sentiremos vendrá desde nuestro hombre interior. En lo natural, buscamos sólo satisfacernos a nosotros mismos. Mas cuando entran dos en la ecuación, el deleite es mutuo.

¿Entras tú ante la presencia de Dios anhelándolo sólo a Él? Te aliento a que entres en Su presencia en este mismo instante, buscando solamente amarlo, adorar Su maravilloso nombre y deleitarte en Él.

YO SOY DE MI AMADO, Y MI AMADO ES MÍO

Los enamorados se hablan con los ojos. Podemos tener un banquete continuo en el Señor, y Él con nosotros. Existe un deleite mutuo. Entre enamorados se expresan palabras que jamás necesitan pronunciarse.

> Yo soy de mi amado, y mi amado es mío, Él apacienta entre los lirios... Aparta tus ojos de delante de mi, Porque ellos me vencieron, Tu cabello es como manada de cabras Que se recuestan en las laderas de Galaad.
>
> —Cantares 6:3, 5

Cuando les enseño a los demás cómo sentir las profundidades de la presencia de Dios, utilizo las palabras real, genuino y vulnerable, debido a que lo que te es revelado al entrar ante Su presencia es tanto humano como espiritual. Esta relación íntima con el Señor te hace vulnerable. Es posible que pueda mantener una cierta distancia con el hombre, pero nunca con Dios. (Ver Hebreos 4:13.)

Vulnerable significa "desprotegido, no defendido, sin escudo, accesible, atacable, indefenso". Ante la presencia del Señor nuestro corazón queda al descubierto y nuestra alma expuesta. Estamos sujetos a Él debido a que experimentamos un rendimiento, una completa sumisión de todo lo que somos. Darle completo control a Dios te pone en una posición sumamente vulnerable.

LA ORACIÓN DE LA IMPORTUNIDAD

La oración de la importunidad se encuentra en Lucas 11. Tiene mucho que ver con esperar en Dios:

> "Les dijo también: ¿Quién de vosotros que tenga un amigo, va a él a medianoche y le dice: Amigo, préstame tres panes, porque un amigo mío ha venido a mí de viaje, y no tengo qué ponerle delante; y aquél, respondiendo desde adentro, le dice: No me molestes; la puerta ya está cerrada, y mis niños están conmigo en cama; no puedo levantarme, y dártelos? Os digo, que aunque no se levante a dárselos por ser su amigo, sin embargo por su importunidad se levantará y le dará todo lo que necesite."
>
> —LUCAS 11:5 A 8

Esta es la oración de la importunidad: sigue yendo, sigue pidiendo; es una oración persistente y prevalecedora. Esto lo aprendí según buscaba de Dios, buscando Su presencia a veces durante muchas horas seguidas, según lo perseguía a Él.

> "Y yo os digo: Pedid, y se os dará; buscad, y hallaréis; llamad, y se os abrirá. Porque todo aquel que pide, recibe; y el que busca, halla; y al que llama, se le abrirá. ¿Qué padre de vosotros, si su hijo le pide pan, le dará una piedra? ¿o si pescado, en lugar de pescado, le dará una serpiente? ¿O si le pide un huevo, le dará un escorpión? Pues si vosotros, siendo malos, sabéis dar buenas dádivas a vuestros hijos, ¿cuánto más vuestro Padre

celestial dará el Espíritu Santo a los que se lo pidan?"
—LUCAS 11:9 A 13

Dios no te daría una serpiente si le pides pescado, y si le pides un huevo, no te daría un escorpión. Somos carnales y sabemos cómo dar buenas dádivas. Cuánto mejor y más generoso es nuestro Padre celestial. Él te deleitará con Su respuesta cuando le pides más de Su Espíritu.

Pídele a Dios más de sí mismo, búscalo para que te conceda una relación más íntima con el Espíritu, y utiliza con fe la oración de la importunidad, sabiendo que Él es un Dios bueno que desea responderte y proveerte de todo cuanto necesitas.

EXPRESIONES EXTERNAS

Cuando el Espíritu Santo viene para revelar a Jesús, hay quienes tiemblan y hay quienes se estremecen. El amor transformador de Dios es poderoso y el poder espiritual puede afectarte físicamente. Algunas de las personas cuyas experiencias son siempre de tranquilidad pueden no estar de acuerdo, pero todos somos diferentes. En algunos el poder y la presencia de Dios arde en ellos con la llama de un avivamiento Pentecostal, como muestra la historia.

En el pasado muchos de los que participaron en los grandes derramamientos del Espíritu Santo temblaban y clamaban, no sólo al arrepentirse, sino también en un despliege de amor y adoración ardientes. En otros Dios los tocó y se sumieron en un silencio profundo y reverencial.

En el Cuerpo de Cristo en la actualidad pocas veces surge este tipo de manifestación, aunque las señales de avivamiento centellean alrededor del mundo. No temas a las manifestaciones del poder del Espíritu. Recuerda que Dios nos ha creado a cada uno de manera singular. Las expresiones físicas del poder de Dios pueden ser tan únicas como los individuos a quienes toca. Nunca desmerezcas la validez de la experiencia de otro sencillamente porque sea distinta a la tuya. En vez, asómbrate de la diversidad de nuestro Creador. Jamás midas tus propias experiencias a la luz de las de los demás. Permite que Dios sea Dios.

Estas vivencias se dan entre Dios y una persona dad; no nos es menester juzgarlas a la luz de nuestras preferencias particulares. Debemos juzgarlas con la Palabra de Dios, el fruto del Espíritu y el discernimiento espiritual. (Ver 1ª Juan 4.)

EL DISCERNIMIENTO

La confianza en Dios se va desarrollando a medida que pasamos años esperando en Su presencia. Cuando primero comencé a sentir Su presencia, con frecuencia cuestionaba a Dios. Le decía: "Señor, por favor, no permitas que me desvíe de tu camino". Desde ese entonces han pasado veinticinco años y no me he hecho miembro de una secta ni he hecho cosas raras. Cuando uno tiene una verdadera experiencia con Dios, ¡lo único que anhela es lo genuino!

Hay quienes temen sentir la presencia de Dios debido a que tienen miedo de los ardides del enemigo. Tenemos que montar guardia. Debemos tener cuidado de no permitir que otros espíritus tomen autoridad sobre nosotros. Asegúrate de que tu experiencia provenga de Dios, no del enemigo ni de la carne. Al mismo tiempo, hay que confiar en el Señor. Cree en Dios, y confía en que Él te protegerá. Llega a tener una confianza tal, un abandono tal, en el Señor, que puedes rendirte ante Él sin temor alguno. Lucas 11:13 dice que Él nos dará buenas dádivas, no malas. La sangre preciosa de Jesucristo nos cubre y protege conforme nos rendimos a Él y entregamos nuestro camino a Su cuidado.

Siempre plantéate cuál fue el fruto de una experiencia

dada. Puedes saber que no proviene de Dios analizando el resultado que produce en tu vida. ¿Qué acción te lleva a tomar? ¿Cómo te hace sentir? ¿Cuáles fueron los resultados de la experiencia? Cada encuentro debe atraerte más hacia la Persona de Jesucristo. Cada visitación debe llevarte a adorarlo.

Tener una experiencia genuina con el Espíritu Santo hará que nazca en tí el deseo de estudiar la Palabra de Dios. Ella jamás irá en contra de Su personalidad, modo de ser, integridad y naturaleza.

¿Cómo lo sabes? La Escritura indica que hay que probar los espíritus para ver si son de Dios (1ª Juan 4:1). Según el Señor comenzó a llevarme a sentir Su presencia más profundamente, yo probaba a los espíritus, y lo sigo haciendo en la actualidad. Cada vez que la presencia de Dios comienza a descender sobre mí, aún cuando recibí mis lenguas de oración, siempre me mantenía cautelosa. Pensaba para mí, esto ¿es de Dios? Es menester que pruebes los espíritus.

Dios siempre confirmará la legitimidad de tu experiencia comprobándotela en la Biblia. Al comprender más a fondo Su Espíritu, Él también te ayudará a comprender más a fondo Su Palabra. Ves, la Biblia dice que la Palabra y el Espíritu siempre tienen que estar de acuerdo entre sí. Tu encuentro con el Espíritu Santo revela a Jesús, y siempre te llevará a anhelar más de Él. Siempre te atraerá a quien Él es. Es una "experiencia que lleva a la humildad", jamás te llevará al enorgullecimiento espiritual.

EL EQUILIBRIO

Conforme el Espíritu de Dios te atrae hacia una comunión más íntima con Él, irás abriéndole cada vez más tu corazón. Es parte de ser vulnerable. A veces sientes que es algo arriesgado. Esta naturaleza egoísta que hemos heredado tiene que perecer ante la luz de la santa presencia de Dios.

Jamás vayas en pos de una experiencia para obtener tan sólo una experiencia. Si buscas experiencias espirituales, puede que encuentres lo que buscas, pero puede que no provenga de Dios. Al contrario, busca de Dios. Hay quienes no necesitan ni desean las experiencias, y tampoco las buscan. Yo jamás intentaría hacerles cambiar de parecer. Mas si alguien está hambriento de Dios y desea sentirlo más profundamente, creo que ese deseo lo pone Dios. El hambre espiritual no es algo que se da en nosotros instintivamente. Todo aquel cuyo deseo, de todo corazón, sea el de conocer a Dios más profundamente, no está actuando en la carne. La persona carnal no desea tocar a Dios, ni conocerlo ni sentirlo (ver 1ª Corintios 2:11 a 16). El hombre natural desea sólo las cosas de este mundo. El hambre espiritual es una dádiva del Espíritu Santo, es lo que nos atrae y nos permite vislumbrar un anticipo de la gloria.

Conocer a Dios y sentirlo es algo de por sí bueno en extremo. Sin embargo, debemos mantener un equilibrio. Es posible que a veces en nuestra rutina diaria le sirvamos sin tener consciencia alguna de Su presencia. Nuestra vida cristiana siempre debe fundamentarse tanto en el modo de ser de Cristo y cómo Él actúa en nuestra vida, como en la Palabra. Nuestra vida no puede construirse sobre experiencias, ya que estas van y vienen. Mas la Biblia nos dice que la palabra de Dios perdurará para siempre. Cuando nuestra vida se fundamenta sobre la roca de la Palabra de Dios, no hay tormenta que nos pueda mover (ver Mateo 7:24 a 25).

Por el otro lado, no hay por qué privar a nuestra fe de experiencias espirituales. La Palabra de Dios registra la vida de muchas personas que tuvieron encuentros sobrenaturales con Jesucristo. No temas a las experiencias espirituales, son tesoros que te cambiarán la vida. Sólo mantén un equilibrio con la ayuda y gracia de Dios. Siempre es bueno tener alguien de mucha experiencia que nos aconseje, un líder de oración o un pastor con quien compartir tus experiencias, a modo de confirmarlas. Hay quienes se han perdido de una experiencia que les habría cambiado la vida debido a que no comprendieron el equilibrio que Dios quería darles.

Formidables, maravillosas son tus obras.

Cada uno de nosotros es una obra formidable y maravillosa, hechura del Señor. Somos seres únicos, y por lo tanto le expresamos nuestro amor a Dios de muchas maneras distintas. Cuando venimos ante la presencia de un Dios santo, obtenemos una nueva revelación de quiénes somos nosotros a la luz de la revelación de quién es Él. Conforme nos humillamos, vamos reaccionando a Dios de manera distinta debido a que vamos dejando de lado nuestra timidez y nuestras inseguridades. Cuando vienes ante la presencia de un Dios santo, cuando tocas el borde de Su manto, cuando sientes Su gloria, no siempre puedes guardar la calma.

SOBRECOGIDO POR SU PRESENCIA

Durante mi retiro privado, según oraba su presencia me sobrecogía, y casi me dejaba sin aliento. Sentí como si hubiese estado hasta ese momento envuelta en un capullo de oruga, y de repente me rodeó con Su presencia. Me perdí en Él, y Él me envolvió en su amor.

¿Qué sucede cuando entras en Su presencia? ¡Es imposible de comprender! Un encuentro con el Señor te cambia, te transforma. Él toma posesión como dueño y se enseñorea de tí, y pasas a ser suyo.

Hace varios años me postraba ante el Señor por horas cada vez, orando, o esperando, a veces sin siquiera decir palabra. A veces por horas gemía en el Espíritu. Sentía como si hubiera entrado en el cielo mismo, y sin embargo nunca salí de mi cuerpo. Sé que esas experiencia provinieron de Dios debido al fruto que han traído a mi vida.

VIVENCIAS EN LA PRESENCIA DE DIOS.

La primera vez que caí en el descanso del Espíritu, donde caí al suelo, no comprendía lo que estaba ocurriendo. Asistí a un culto Pentecostal y me senté en el último banco porque tuve temor del poder espiritual que presencié en ese lugar. Cuando pasé al frente en esta pequeña iglesita, me encontré postrada en el piso. Me pregunté si el evangelista me habría empujado. Nunca antes había presenciado el mover del Espíritu. Aquí estaba yo, en el piso, borracha en el Espíritu por primera vez. Comencé a reírme. Al poco tiempo, lloraba. Dios estaba sanando en mi interior todos los años de dolor y sufrimiento, y revelándome su poder sobrenatural. Se debilitaron mis piernas; me paré e intenté caminar, pero me fue imposible. Actuaba como si estuviera emborrachada. Cuando regresé a casa y se lo conté a mi marido, él también me preguntó si el evangelista me había empujado. El toque del Señor fue una experiencia de una delicia tal, que quería volverlo a sentir. Así que intenté buscar la forma de hacer que volviera a ocurrir. Pero no funciona de esa manera. Unas veces caí, "bajo el poder" de mi propia voluntad, intentando imitar esa primera experiencia. Cuando intentaba forzar la experiencia, no era igual, porque estaba de por medio la carne. El Señor me dijo que debía esperar por la experiencia genuina. Así que comencé a orar pidiéndole al Señor que me ayudara a recibir lo que Él quisiera, de la forma en que Él quisiera que yo lo recibiera. Le pedí perdón al Señor por querer lo artificial. Cuando optamos por esperar en Dios para obtener lo genuino, es posible que no tengamos siempre una experiencia sobrenatural, o que no sea tanto como esperamos, pero bien vale la pena esperar por lo genuino.

UN CORAZÓN LLENO DE EXPECTATIVAS

Uno nunca sabe cuándo el Señor se va a manifestar, pero siempre hay que mantener el corazón lleno de expectativas. Cuando uno espera, y Él se manifiesta, es una experiencia verdaderamente recompensadora. Nuestro Dios es realmente asombroso. Uno también está consciente de que no hizo nada para causar ni forzar la experiencia. Era netamente celestial.

No limites a Dios diciéndole cómo debe manifestarse ni qué hacer ni cómo. Según vas madurando, no es un "dame, dame;quiero, quiero" sino, más bien, un "¿qué es lo que deseas, Señor? ¿Cómo puedo ministrarte? ¿Qué es lo que te hace feliz? ¿Te complaces en mí? ¿Cómo puedo bendecir a los demás con lo que me has dado?"

¿Qué es tu amado, más que otro amado, Oh la más hermosa de todas las mujeres? ¿Qué es tu amado más que otro amado, Que así nos conjuras?

—Cantares 5:9

2

¿Quién es el Amado y qué es la intimidad?

El Cantar de los Cantares plantea: ¿Qué clase de amado es tu amado? ¿Por qué y cómo es que tu Amado es mejor que cualquier otro? ¿Qué hace que sea tan maravilloso? ¿Qué lo hace tan diferente? ¿Cuán bien lo conoces? ¿Hace cuánto que lo conoces? Según tu opinión, ¿cuál es su aspecto? ¿Satisface tu alma? ¿Satisface tus necesidades? ¿Sabes qué le complace y qué le disgusta? ¿Lo complaces y bendices Su corazón?

ÉL ES LA VIDA MISMA

Las Escrituras tienen muy en claro quién es el Amado (ver Juan 1:1 a 5). Él era quien estaba presente desde el comienzo del tiempo, desde el principio. Él está muy presente en la actualidad, y siempre lo estará. Él es Dios, Él es mi Dios. Cuando Él habla, irrumpe la vida, y algo se crea de la nada. Cuando Él habla, el cielo entero presta atención, porque Él es el Verbo. Es la vida misma. Es la luz del mundo, y Su luz subyuga y disipa todas las tinieblas.

Cuando lo conoces, te haces uno con Él. Te conviertes en

una voz profética que clama en el desierto "Preparad camino a Jehová; enderezad calzada en la soledad a nuestro Dios" (Isaías 40:3). Participas activamente preparando el camino para la segunda venida de tu Esposo. Te conviertes en la Esposa, la que tiene intimidad con tu adorado Señor. Al igual que Juan el Bautista fue el precursor de Cristo para Su primera venida, ahora Dios te envía a tí en calidad de testigo del Amado, para pregonar su Segunda Venida por doquier: con tu vida, tu amor, tus palabras y tus acciones.

ÉL ES QUIEN BAUTIZA

"Juan les respondió diciendo: Yo bautizo con agua; mas en medio de vosotros está uno a quien vosotros no conocéis" (Juan 1:26). Los fariseos no lo conocían, y los fariseos de la actualidad tampoco. "Este es el que viene después de mí, el que es antes de mí, del cual yo no soy digno de desatar la correa del calzado" (v. 27). Los que aman a Jesús son como Juan, quien se rindió a la voluntad de Dios aún a pesar de que los demás lo rechazaran. Son humildes ante el Señor Jesús, pues se dan cuenta que no pueden siquiera desatar la correa de Su calzado.

Al igual que Juan el Bautista, los que aman a Jesús lo conocen íntimamente, lo reconocen de inmediato y con osadía lo proclaman al mundo. Él siempre es el primero en todo lo que piensan y hacen.

¿Quién es mi Amado, y cómo es Él? Mi Amado me bautiza con Su Espíritu Santo. Este descendió del cielo sobre mi Amado cual paloma y permaneció sobre Él hasta que partió de esta tierra (ver Mateo 3:16). Cuando Jesús prometió no dejarnos huérfanos. Él desea estar con nosotros por medio de la presencia del Espíritu Santo. Él no estuvo satisfecho hasta poder morar en nosotros. Mi Amado desea tener comunión conmigo por medio del poder y la presencia del Espíritu Santo.

ÉL ES EL SANADOR

¿Quién es mi Amado? Es varón de dolores, experimentado en quebranto y sacrificio. "¿Quién ha creído a nuestro anuncio? ¿y sobre quién se ha manifestado el brazo de Jehová?" (Isaías 53:1). Su carne fue desgarrada hasta que era imposible reconocerlo. Al igual que resultaba imposible ver su belleza interna a simple vista, la relación que tenemos con Él no es natural, sino espiritual. La cruz fue horrible, y sin embargo, hermosa, y allí dió rienda suelta a su apasionado amor. Yo lo he rechazado a Él, pero Él jamás me ha rechazado a mí.

Mi Amado es Jehová Rafa, el Dios que sana. Es mi sanador porque estuvo dispuesto a sufrir el castigo en mi lugar. Mi Amado no abrió su boca para defenderse. Él es pureza, honestidad y verdad. Es digno de confianza, porque Él es la verdad, jamás miente.

Es Él quien lleva mis cargas. Él llevó la pesada carga de mis pecados sobre la cruz. Él llevó sobre si mi enfermedad y mi muerte para satisfacer al Padre. Él intercedió profundamente por mí (ver Isaías 53:12). Por tanto, se identificó con los transgresores. Él que no conoció pecado en sí mismo, sintió el pecado en la cruz para pagar por mi salvación y mi sanidad.

ÉL ES EL DESEADO

Cantares 5:10 dice, "Mi amado es blanco y rubio, Señalado entre diez mil". Es más brillante y poderoso que el sol. Aunque me es imposible comprender su grandeza, Él me percibe como persona. Cuando me encuentro en el medio de una gran multitud, Él sabe que yo estoy allí; me trata como si sólo yo existiera. Para Él, cada persona tiene un valor incalculable.

"Su paladar, dulcísimo, y todo él codiciable. Tal es mi amado, tal es mi amigo, Oh doncellas de Jerusalén" (v. 16). Es amigo de pecadores y también mi compañero. Es mi luz, mi salvación, mi escudo y mi refugio. Es el que me alienta y me rodea. En Él confío, porque no confío en mi propia carne. Tengo confianza en Él, me siento segura en Él. Me cubre, y me levantará y establecerá sobre una fundación firme.

¿Qué tipo de Amado tienes? Isaías 46:5 dice: "¿A quién me asemejáis, y me igualáis, y me comparáis, para que seamos semejantes?" ¿Quién es mi Amado? No tiene igual, y nadie se le puede comparar. Nadie es mejor que Él.

Él establecerá sus propósitos y cumplirá sus deseos en mi vida por el puro afecto de su voluntad. Aquél quien la buena obra empezó será fiel en completarla. Él me será fiel mi vida entera, en las buenas y en las malas.

Hay algunos esposos que aman a sus esposas cuando son jóvenes y hermosas, pero las rechazan cuando pasan de la flor de su juventud. Mas la palabra de Dios dice, "Y hasta la vejez yo mismo, y hasta las canas os soportaré yo; yo hice, yo llevaré, yo soportaré y guardaré" (Isaías 46:4). Este es mi Amado, quien permanece a mi lado aún en mi vejez cuando mi pelo se torna canoso. Conforme maduro, Él es más dulce. No me dejará. No me divorciará. Cuando mi rostro muestre las arrugas del tiempo, Él me seguirá siendo fiel. Mi Amado es el mismo ayer, hoy y siempre. Es mío por la eternidad.

ES EL ESPOSO CELESTIAL

¿Quién es mi Amado, cómo es Él? Es el Esposo celestial que espera ansiosamente las bodas con su Iglesia. "Gocémonos y alegrémonos y démosle gloria; porque han llegado las bodas del Cordero, y su esposa se ha preparado" (Apocalipsis 19:7). Mi Amado está esperando el momento cuando nosotros, Su esposa, nos hayamos preparado. En la actualidad nos estamos ataviando con justicia al comportarnos como Cristo. El Espíritu Santo urge a Su esposa, la Iglesia, a que sea bondadosa con los que no conocen a Cristo. Esta es una de las maneras en las cuales nos preparamos para la venida del Esposo.

A veces parece más fácil ser bondadoso para con los que no son salvos que para con los de la iglesia. El Señor quiere que toquemos a las personas fuera de la iglesia sin olvidarnos a los que se sientan a nuestro lado cada domingo.

ÉL ES VICTORIOSO

Mi Amado tiene muchos nombres y descripciones. Regresa sobre un caballo blanco, y cuando lo haga, ganará la batalla final. Mi Amado es el Rey de reyes y Señor de señores. Juzgará a cada persona según sus actos. Es el único digno de abrir el Libro de la Vida. Será Él, quien tendrá la última palabra. Mi Amado enjugará toda lágrima. No habrá más muerte, luto ni dolor, pues viviré con Él, en Su morada por la eternidad (Apocalipsis 7:16 a 17). Mi Amado hace nuevas todas las cosas (Apocalipsis 21:5). Mi Amado es el Alfa y la Omega, el principio y el fin (Apocalipsis 22:13).

ÉL ES EL QUE VIENE

La Esposa de Cristo dice: "Ven, Señor Jesús". Mi Amado es el que dice, "Sí, vengo pronto". Mi Amado habla sólo las palabras que el Padre habla, y Su inspiración únicamente viene del Padre. Durante la hora de gran tentación, Él sólo contestaba, "Escrito está ..." (Mateo 4:4). Jesús, mi Amado, hacía sólo lo que veía al Padre hacer y decir. Jamás hizo nada en contra de la voluntad del Padre.

Es tan hermoso mi Amado, que a veces siento como Pablo, quien dijo:

"Porque para mí el vivir es Cristo, y el morir es ganancia. Mas si el vivir en la carne resulta para mí en beneficio de la obra, no sé entonces qué escoger. Porque de ambas cosas estoy puesto en estrecho, teniendo deseo de partir y estar con Cristo, lo cual es muchísimo mejor; pero quedar en la carne es más necesario por causa de vosotros".

—Filipenses 1:21 a 24

Pablo se enfrentó a un dilema con el cual lidia cada persona que conoce íntimamente al Señor. Desea ir a morar con Él, no para escapar de las preocupaciones de este mundo, sino porque desea ver al Señor. Mientras esperamos ver a Dios cara a cara, es importante cumplir con los propósitos que Él tiene para nosotros aquí en la tierra. Conforme lo hacemos, gozaremos de una dulce comunión en la presencia de nuestro Amado. Él es sensible a cada detalle íntimo de nuestra relación.

Su unción mora en nosotros y se manifesta a través de nosotros. Al vivir cada día en comunión con Él, lo que hemos creído por fe se hace realidad en la experiencia. Esta es reforzada por la Palabra de Dios. Cristo existe, y Él está en nuestro medio cada día por medio del poder de Su Espíritu Santo. Dios es real, es tangible; lo puedes tocar, sentir y reconocer sin duda alguna.

¿QUÉ ES LA INTIMIDAD?

La intimidad es una relación personal que surge a partir de un conocimiento y comprensión profundos compartidos sólo por esos dos individuos. Siempre requiere tomar decisiones y riesgos. Revela el yo verdadero que la mayoría de las personas no llega a ver. Somos seres complejos, y la mayoría de las personas no nos conocen íntimamente, excepto nuestro Señor.

"Porque Jehová abomina al perverso; Mas su comunión *íntima* es con los justos" Proverbios 3:32, énfasis añadido.

El Diccionario de la Real Academia Española define intimidad como "amistad íntima; zona espiritual íntima y reservada de una persona o de un grupo, especialmente de una familia", y a íntimo como "lo más interior o interno; aplícase también a la amistad muy estrecha y al amigo muy querido y de gran confianza; perteneciente o relativo a la intimidad". Así que la intimidad tiene que ver con revelar el verdadero yo: tu yo íntimo, tus pensamientos, sentimientos y emociones interiores.[[TU YO INTIMO? WHAT?]]

Hay veces que sale a relucir quién somos verdaderamente, y ello impacta positiva o negativamente nuestras relaciones, y hasta puede causar malentendidos, mas no con Dios. Él conoce y comprende todo lo relativo a nosotros, pues fue Él quien nos hizo. Nos formó en el vientre de nuestra madre. Pensó en nosotros desde la fundación del mundo.

En la intimidad no hay cabida para el temor, ya que debemos confiar completamente en Él y rendir quien somos ante Él. Podemos confiar en nuestro Señor; jamás nos abandonará ni nos desamparará.

Para creer que somos aceptos en el Amado y no seremos rechazados, a pesar de lo que hayamos hecho en el pasado, hay que ejercitar nuestra fe. Tenemos que creer que somos aceptos únicamente en base a Su amor por nosotros.

LA INTIMIDAD EXIGE HONESTIDAD

El único requisito para tener intimidad con Dios es que seas tú mismo. En una relación verdaderamente íntima no caben fingimientos ni pretensiones. La intimidad te lleva a recibir y a dar abiertamente, sin esperar nada a cambio.

La verdadera intimidad con Dios te asegura de que no le debes nada a nadie, excepto Amarlo con abandono. Una vez que comprendes la riqueza de una relación íntima, la valoras tanto que no titubeas en entregarte. Una vez que recibes, quieres entregarte cada vez más. Sin embargo, jamás podrás darte más completamente que Dios, y es más bendecido dar que recibir.

Cuando hay intimidad, no hay competencia. Tu deleite es el de dar gozo y satisfacción a Dios y a los demás.

LA INTIMIDAD TRAE VIDA

El Señor se sirve del orden natural de este mundo para ilustrarnos el orden espiritual. Al igual que la intimidad con un cónyuge en la tierra da a luz vida en el orden de lo natural, la intimidad con el Esposo celestial da a luz nueva vida en el Espíritu. Mientras vamos conociendo a Jesucristo más íntimamente, nace en nosotros una visión nueva, entendimiento, revelación, dones, poder y unción en nuestro ministerio y en nuestra vida. Descenderá sobre nuestras vidas una unción poderosa que tocará a los que nos rodean. Las almas serán salvas, las personas sanadas y la luz de Dios brillará más en todo cuanto decimos y hacemos.

Del milagro de la concepción podemos aprender varias lecciones. Según los expertos en el campo de la medicina, la esterilidad, o sea, la incapacidad de concebir un bebé, a veces se debe al comportamiento de la persona. Una de las causas es la infección pélvica por enfermedades de transmisión sexual como consecuencia de la promiscuidad. Como resultado, en algunas mujeres se obstruyen las trompas de falopio, lo que impide la ovulación.

De manera similar, una infección pecaminosa o la idolatría a veces no permite que el creyente conciba almas para el reino de Dios. Cuando una persona es promiscua espiritualmente, carece de dirección, visión y meta, debido a que tiene demasiados compañeros. Nuestro Dios es un Dios celoso;

de ninguna manera nos compartirá con nadie más. Somos llamados a pertenecerle únicamente a Él, un pueblo de su sola posesión. No tendremos dioses ajenos delante de Él.

¡"La gloria de Efraín volará cual ave, de modo que no habrá nacimiento, ni embarazos, ni concepciones"!
—OSEAS 9:11

Esta escritura habla de la infertilidad espiritual que surge como consecuencia de la promiscuidad espiritual o idolatría. En calidad de creyentes nuestra espectativa es la de dar a luz la vida de Dios en la tierra por medio de una gran cosecha de almas. Mas cuando coqueteamos con los dioses ajenos de materialismo, rebelión y orgullo, nos tornamos estériles, y se pierde nuestra cosecha.

DAR A LUZ REQUIERE PODER, PASAJERO, PASAJE Y POSICIÓN.

Éxodo 1: 15 a 17 demuestra la importancia que se le daba a las parteras en la época de Moisés. De no haber sido por ellas, que temían a Dios, Moisés hubiera muerto durante el parto.

Mis abuelas y algunos de mis otros familiares fueron parteras. Una de ellas ayudó a mi mamá a darme a luz. Al igual que mi mamá tuvo la ayuda de una partera para traerme al mundo, la creación entera gime pidiendo intercesores que sirvan de parteras espirituales para ayudar a los demás a establecer la visión de Dios.

Durante el parto, las parteras observan estos principios clave: poder, pasajero, pasaje y posición. Si una mujer tiene problemas para dar a luz se debe a que uno de estos principios no está cumpliendo la función debida.

Pueden surgir problemas también durante un parto espiritual. Sea que Dios haya llamado a Su Iglesia a dar a luz nuevas almas al reino o a establecer una visión o propósito, pueden haber obstáculos. En el caso del nacimiento terrenal, un problema puede surgir a raíz de que las contracciones no son lo suficientemente pujantes y no se tiene la fuerza necesaria para dar a luz. Sin fuerza, el cuerpo no puede empujar al bebé.

Al igual que muchas mujeres pierden la fuerza en los últimos momentos del alumbramiento, muchos creyentes se desaniman y carecen del poder que necesitan justo antes de que se cumpla la promesa de Dios. Lo que se logra espiritual-mente en secreto a la larga impactará abiertamente el reino de Dios. Es posible que la Iglesia no tenga el poder necesario para combatir las artimañas del enemigo, pero sí tenemos la esperanza de que, cualquier cosa que nos haga falta, nos ha sido dada en la persona de nuestro Señor Jesucristo. La Biblia dice, "Que de Dios es el poder" (Salmos 62:11).

Otra razón por la cual surgen complicaciones en el parto puede deberse al pasajero, o sea, al bebé. A veces el bebé resulta demasiado grande cuando la madre se pasa de la fecha, y le es imposible tener al bebé. El temor puede hacer que ella no pueda relajarse lo suficiente para entrar en los dolores de parto en el momento debido. Es posible que la visión, o el pasajero espiritual, sea demasiado grande como para que un grupo reducido de creyentes puedan ayudarlo a nacer sin la ayuda de otros hermanos.

Una tercera complicación ocurre durante el pasaje, cuando la pelvis de la madre es demasiado pequeña. Lo mismo ocurre en un parto espiritual, puede que el temor sobrecoja a los creyentes que tienen la visión, haciendo que esperen demasiado. Esto concuerda con el pasaje en el orden de lo natural o terreno. Esta es la razón por la cual la unidad es tan crucial, es necesario que nos alentemos los unos a los otros durante el proceso de dar a luz el plan divino.

El cuarto principio, el de posición, también resulta crítico.

Un bebé que esté en la posición incorrecta puede interrumpir el proceso del parto. Es necesario que la cabeza del bebé esté orientada hacia abajo, de manera que la barbilla le toque el pecho, para que el diámetro más pequeño de la cabeza salga primero. Si el bebé coloca la cabeza de otra manera, puede ocasionar problemas.

Quizás la posición durante el parto espiritual sea la incorrecta. Es posible que los creyentes que participan en en dar a luz el propósito de Dios puedan haberse movido de su lugar debido a la incredulidad o al engaño. Cuando los creyentes no están ubicados en el lugar que les toca, se frustran los propósitos de Dios en la tierra. Tenemos que estar en el lugar que nos corresponde, en el tiempo indicado para traer avivamiento y cumplir con los propósitos de Dios.

Él promete que Su pueblo, a quien llama Sión, le dé vida a los planes, visiones y propósitos que Él les ha dado, pues Él les ayudará a cumplirlos. Él promete velar sobre el proceso de parto del cuerpo de Cristo para que se cumplan sus propósitos. De nuestra íntima relación con Cristo habrá fruto, y esté será sano y se multiplicará.

"Antes que estuviese de parto, dio a luz; antes que le viniesen dolores, dio a luz hijo. ¿Quién oyó cosa semejante? ¿quién vio tal cosa? ¿Concebirá la tierra en un día? ¿Nacerá una nación de una vez? Pues en cuanto Sión estuvo de parto, dio a luz sus hijos. Yo que hago dar a luz, ¿no haré nacer? dijo Jehová. Yo que hago engendrar, ¿impediré el nacimiento? dice tu Dios".

—ISAÍAS 66:7 A 9

LA INTIMIDAD EXIGE QUE
SEAMOS TRANSPARENTES ANTE EL SEÑOR

En la presencia del Señor toda máscara se quita. La persona

que somos por dentro no siempre es la misma que los demás ven externamente. Hemos aprendido a hablar, pensar y actuar de manera que los demás nos acepten. Mas cuando el Señor se revela a sí mismo, si lo recibes tal como es, resulta expuesto el verdadero yo. Esa persona interior, escondida hasta de tí mismo, se revela, tosco y sin pulir.

El hombre interior es una persona compleja que tiene muchos secretos, anhelos, motivos e intenciones. Quienes y qué somos no nos es revelado a una, aun ante Dios. Jesús nos va revelando a nuestro hombre interior durante encuentros maravillosos con Él. Es por eso que puedo expresarme ante el Señor en formas que puedo hacerlo con los demás. Cuando la presencia de Dios me rodea es cuando descubro quién soy porque estoy reaccionando ante quien Él es. Él es verdad, el Espíritu de verdad. Es imposible esconderme de la verdad de quien soy verdaderamente cuando estoy ante su presencia.

Acercarse a Dios en una manera que no es superficial significa desnudar completamente el alma. Para un total abandono con Dios tiene que haber transparencia. Somos seres humanos de carne, imperfectos, en cuyo interior vive y se mueve el Espíritu Santo de Dios. Cuánto me asombra este hecho. Cuando uno siente la profundidad de Su presencia, esta reaccionando a quien Él es. No es una reacción que se aprende; es una revelación del Señor que te muestra quien eres en realidad. Cada vez que vislumbro un poco quién Él es, veo con mayor claridad quién soy yo. Mi imagen es reflejo del resplandor de su verdad, y en el medio de todo ello sigo siendo acepto en el Amado. Cuando vienes cara a cara ante el Señor eres igual que Adán y Eva en el huerto antes de la caída - estaban desnudos ante el Señor sin avergonzarse.

¿QUIÉN ES EL AMADADO, Y ¿QUÉ ES LA INTIMIDAD?

¿Quién es tu Amado? Es Aquel que te invita a descubrir una profundidad en tu relación con Él que jamás pensaste que podía existir. ¿Qué es la intimidad. Es un lugar donde uno esta a salvo, establecido y escondido. Es ese lugar donde hay una relación con Jesús donde se lo conoce a Él y a Su amor.

Tu Esposo celestial te invita a que lo conozcas íntimamente. Es en ese lugar íntimo que en tu corazón nacerá una voluntad conmovedora. Desde este corazón extasiado fluirán la pasión y la vida de Dios en la tierra, dando a luz almas, sueños, visiones y la voluntad y los planes de Dios.

Tu Esposo celestial está tocando tiernamente a la puerta de tu corazón, invitándote a tener una experiencia más profunda con Él. ¿Vas a contestar Su llamado a la intimidad? ¿Vas a invitarle a pasar a tu Amado?

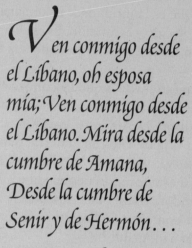

*V*en conmigo desde
el Líbano, oh esposa
mía; Ven conmigo desde
el Líbano. Mira desde la
cumbre de Amana,
Desde la cumbre de
Senir y de Hermón...

—Cantares 4:8

3

Una esposa dispuesta a pagar el precio de la intimidad

Toda esposa se compromete abierta y exclusivamente a darse únicamente a su esposo. Abandonar la posibilidad de unirse a otro es el costo de la unión y todo lo que representa. Junto a esta promesa viene el conocimiento de que ella está aceptando a su esposo de por vida, en la riqueza o la pobreza, el poder o la debilidad, la fama o la oscuridad, en la salud y en la enfermedad. Sin embargo, la esposa no se compromete teniendo en mente estas posibilidades. Su devoción y su promesa siempre los motiva el amor. Así será en las bodas del Cordero.

El pueblo hebreo consideraba a Dios como esposo. El matrimonio es un compromiso mucho más costoso de lo que la mayoría de nosotros capta hasta que pasen varios años de dura experiencia. Como creyentes debemos mantener fresca en nuestro espíritu la escritura que dice: "Porque tu marido es tu Hacedor; Jehová de los ejércitos es su nombre; y tu Redentor, el Santo de Israel; Dios de toda la tierra será llamado" (Isaías 54:5). Cuando este conocimiento opera en nuestro espíritu, nuestro matrimonio tiene mayor probabilidad de éxito. Cuando Dios es tu primer amor, te es posible amar más y dar más de tí a tu cónyuge terrenal. De esta manera tus expectativas están centradas en Dios, y no en tu compañero. ¿Eres tú esa esposa que está dispuesta a dejarlo todo de lado y pagar el precio para tener intimidad con Jesucristo? El precio que Él pagó por tí fue en extremo costoso. A cambio su esposa debe darse toda, con devoción amorosa, para seguirlo dondequiera que Él la guíe.

UNA ESPOSA DISPUESTA A SEGUIRLO APASIONADAMENTE

"¿Quién ha creído a nuestro anuncio? ¿y sobre quién se ha manifestado el brazo de Jehová? Subirá cual renuevo delante de él, y como raíz de tierra seca; no hay parecer en él, ni hermosura; le veremos, mas sin atractivo para que le deseemos. Despreciado y desechado entre los hombres, varón de dolores, experimentado en quebranto; y como que escondimos de él el rostro, fue menospreciado, y no lo estimamos."

—ISAÍAS 53:1 A 3

Cuando Jesús colgaba del madero, muchos le escupían y se mofaban de Él. Lo odiaban con una intensidad que provenía del odio mismo del diablo. Mas fue el sobrecogedor amor que Jesús le tenía al Padre lo que incitaba la furia de sus enemigos. Jesús ardía con esta pasión por el Padre de tal manera que dio su vida por nosotros. Las fuerzas del mal lo odiaron porque se entregó a sí mismo con un amor puro, abnegado, humilde y sacrificado. Este amor era Su pasión.

La palabra pasión también significa "vehemencia, ardor, entusiasmo, arrebato, delirio, ceguera, excitación, efervescencia, apasionamiento, encendimiento, fervor, amor, afecto, preferencia, cariño, delirio, elación, violencia, fuego, incendio, rapto."[1] Entre otras acepciones, el Diccionario de la Real Academia Española define pasión como "acción de padecer; la de Jesucristo". Durante la crucifixión, los que estaban cerca de la cruz se mofaban de Cristo. Odiaban su pasión. Odiaban el amor que Él sentía por toda la humanidad. La esposa dice, "Porque de tal manera amó Dios al mundo, que ha dado a su Hijo unigénito, para que todo aquel que en él cree, no se pierda, mas tenga vida eterna" (Juan 3:16). Odiaban su libertad de expresión al demostrar su amor por nosotros. Murió para salvarnos de nuestros pecados para que pudiéramos tener una relación con el Padre y estar en el cielo con Él. Debido a que la humanidad es tan egocéntrica, los enemigos de Dios no podían aguantar esa clase de amor, abnegado y sacrificado.

"Todos nosotros nos descarriamos como ovejas, cada cual se apartó por su camino; mas Jehová cargó en él el pecado de todos nosotros" (Isaías 53:6). Al igual que la mayoría de las personas, a veces pienso acerca de lo que me resulta bueno y cómodo. Esta es la forma en que piensan la carne, el mundo y el enemigo. Mas la novia que espera a Cristo está dispuesta a sobrellevar la misma pasión que Él sufrió en la cruz para salvarla.

DISPUESTO A RENDIRSE, AUNQUE VENGA PERSECUSIÓN

Con frecuencia la gente odia y se mofa de aquellos que se entregan completamente a Cristo, considerándolos anómalos, raros y lunáticos. La multitud exige que comprobemos quién Él es en nosotros. Le dijeron a Jesús que les probara quién era Él. El mundo exige que seamos como los demás. Si no lo somos piensan que hay algo mal en nosotros. Constantemente nos vemos desafiados a comportarnos como la multitud, y a probarles quiénes somos. Pero no es necesario que les probemos nada. Jesús ya ha comprobado quién Él es por medio de la cruz. Debemos luchar en contra de esos mismos espíritus escarnecedores contra quienes luchó Cristo en la cruz. Los espíritus del mal son intrusos que se entrometen en nuestra vida privada con Cristo. El enemigo odia nuestra pasión por Jesús. Odia nuestra pasión y nos odia a nosotros.

DISPUESTOS A RECHAZAR EL TENER QUE COMPLACER A LOS DEMÁS

Algunas personas sentirán celos de nuestra pasión por y relación con Jesús. Muchos nos odiarán porque desean lo que ven en nosotros, mas no están dispuestos a pagar el precio para obtenerlo, así que claman, "¡Crucifícale, crucifícale!" (Lucas 23:21). Si agradamos a los demás, no podremos obtener lo mejor que Dios tiene para nosotros. Si tenemos que sentirnos aceptados por los demás para satisfacer nuestra alma, aún de aquellos dentro del Cuerpo de Cristo, no gozaremos de lo mejor que viene única y directamente de Él.

Pídele a Dios que te perdone y te libere de todos los malos hábitos que han hecho que recibas menos de lo que Él tiene para tí y que te ha convertido en alguien que sólo piensa en agradar a los demás. Cuando Pedro y los otros discípulos se enfrentaron con esta problemática, se resistieron. Pedro y los apóstoles contestaron, "Es necesario obedecer a Dios antes que a los hombres" (Hechos 5:29). Estas concesiones son las zorras pequeñas que echan a perder la viña donde crece nuestro amor (Cantar de los Cantares 2:15). Los pequeños hábitos y los patrones de pensamiento carnales son los que echan a perder a los hombres y mujeres de Dios. Son más insidiosos que las cosas más grandes sobre las cuales hemos obtenido la victoria. Deseamos más presentarle a la gente una cierta imagen y estar bien conceptuados por ellos que por el Señor. Mas para encontrar una verdadera intimidad con Dios tenemos que negarnos a nosotros mismos, tomar nuestra cruz e ir en pos de Él (Mateo 16:24).

ESTAR DISPUESTO A RENDIRSE A UNA DEVOCIÓN Y ABANDONO INCONDICIONALES

El pueblo de Dios desea glorificarlo y complacerlo grandemente. Pídele a Dios que quite todo obstáculo de en medio que estorben tu relación con Cristo. Estas cosas se entrometen en tu relación con el Señor y no deben tener cabida allí.

Una mujer pecadora derramó un perfume de alabastro de gran precio sobre los pies de Jesús y los enjugaba con sus cabellos (ver Lucas 7:37-49). Dar algo de sí que era tan valorado, especialmente por las mujeres de su época, fue un acto de intimidad. El cabello era una de sus más preciadas posesiones - era su velo y su gloria.

María de Betania se sentó a los pies de Cristo y escuchaba atentamente. Se encontró ensimismada en lo que decía Jesús. En el Cuerpo de Cristo carecemos de este amor y esta devoción, aún nosotros, los que nos llamamos intercesores. Encontramos que estamos muy ocupados orando a Dios, pero sin escucharlo en realidad. Las muchas distracciones que llenan nuestra vida son tipo de Marta, quien se molestó con María de Betania y le exigía compartiera las faenas. Ella quería arrastrar a María de Betania a su forma de vivir y a sus prioridades. Marta sentía que tenía el derecho a alejar a María de Betania de su relación íntima con Jesús. Con frecuencia veo que esto ocurre en el Cuerpo de Cristo. Muchas veces les exigimos cosas a los demás. Sentimos que las personas nos deben algo, y que merecemos más de lo que nos dan.

Dios valora el tipo de relación que María de Betania y la mujer pecadora tenían con Él. Esta última estuvo dispuesta a quebrar la libra de perfume de nardo puro sobre la cabeza de Jesús. Los demás no comprendieron su acción y la consideraron un derroche. Mi oración es que las personas de toda esta nación comiencen a pasar tiempo a solas con Dios para que el espíritu del mundo no logre distraerlos.

Cuando no tenemos nada más para dar, las exigencias de los demás nos controlan porque nos sentimos obligados. Esto no es lo que Dios quiere para nosotros. En vez, anhela que seamos como María y como la mujer pecadora, porque entonces seremos como pan partido y como vino servido para los que están hambrientos y sedientos. Seremos quebrantados y derramados como el ungüento dentro del perfume de alabastro.

DISPUESTO A PASAR UNA SEPARACIÓN SANTA

Cada vez que oramos, el lugar donde estamos se torna en un lugar secreto y santo. Dios espera que nosotros apartemos un lugar santo donde los demás teman interrumpir.

A veces sentimos que podemos simplemente venir ante la presencia del Señor de la forma que nos de la gana, e irnos de igual manera. Mas debemor recordar que Aquel hacia quien nos acercamos es santo. Es con temor santo y gran reverencia que entramos en la presencia del Todopoderoso.

"Cuando fueres a la casa de Dios, guarda tu pie; y acércate más para oír que para ofrecer el sacrificio de los necios, porque no saben que hacen mal. No te des prisa con tu boca, ni tu corazón se apresure a proferir palabra delante de Dios; porque Dios está en el cielo, y tú sobre la tierra; por tanto, sean pocas las palabras.

—ECLESIASTÉS 5:1 A 2

Tenemos que estar preparados y listos para los días futuros. No debemos permitir que hayan cosas impías en nuestra vida cuando vamos ante la presencia de un Dios santo.

DISPUESTO A LUCHAR POR ENTRAR AL LUGAR SECRETO

Queda mucho por descubrir acerca del lugar secreto de oración en la presencia de Jesús. Ello exige perseverancia para luchar por las cosas del Señor y por mantenernos alejados del mundo. El enemigo intentará contrariarnos y quitarnos el tiempo que hemos apartado para Dios. Pídele que te dé la victoria para conquistar el mundo, la carne y el enemigo (ver 1ª Juan 2:15 a 16).

A veces los momentos más preciosos en el lugar secreto de la presencia de Dios se cortan abruptamente debido a interrupciones y demás distracciones. El enemigo es un intruso a quien le gusta presentarse sin invitación. Entra ilícitamente y sin derecho, y sin embargo, a veces permitimos que sus tácticas tengan éxito y encontramos que se nos ha alejado de la presencia de Dios. No debemos permanecer ignorantes de sus maquinaciones (2ª Corintios 2:11). Toma autoridad sobre este intruso maligno en el nombre del Señor Jesucristo para que seas libertado y tengas el poder necesario para servirle a Dios. En este mundo muchos quieren conocer a Jesús, pero están demasiado ocupados con el trabajo secular, o en la obra del ministerio. Cuán fácil resulta dejarse consumir por el mundo en vez que por la presencia de Dios. No permitas que te consuman las preocupaciones de esta vida de tal manera que dejes a un lado tu relación con Cristo. No importa cuán buenas sean estas cosas, no son lo mejor si Dios ocupa un lugar o tiempo insignificante en nuestras vidas.

DISPUESTOS A LIMPIAR NUESTROS
CORAZONES DE MALDAD

Queremos que Dios nos toque, nos envuelva y nos lleve a lugares celestiales, pero con frecuencia no estamos dispuestos a deshacernos del pecado que Él nos ha revelado. Exigimos que Él cumpla con nuestros deseos cuando ni siquiera hemos cumplido con los requisitos necesarios para recibir lo que pedimos.

> "Por tanto, nosotros también, teniendo en derredor nuestro tan grande nube de testigos, despojémonos de todo peso y del pecado que nos asedia, y corramos con paciencia la carrera que tenemos por delante".
>
> —HEBREOS 12:1

¿Qué es lo que nos estorba cuando venimos ante la presencia de Dios, cuando nos acercamos a Su trono descuidadamente? Nuestro pecado. Tenemos que pedirle a Dios que nos perdone y que nos limpie de toda maldad en nuestro corazón, mente y voluntad.

> "Si en mi corazón hubiese yo mirado a la iniquidad, El Señor no me habría escuchado".
>
> —SALMOS 66:18

DISPUESTOS A DEMOSTRAR UN ESPÍRITU PERDONADOR

La multitud que presenció la muerte de Cristo en la cruz no sabía lo que hacía cuando escupía, escarnecía y vituperaba al Hijo de Dios. En su pasión Jesús clamó, "Padre, perdónalos, porque no saben lo que hacen" (Lucas 23:34). Cuando estaban apedreando a Esteban, él hizo lo mismo cuando exclamó, "Señor, no les tomes en cuenta este pecado" (Hechos 7:60).

Los que tienen una relación íntima con Jesús reaccionarán de igual manera cuando los demás los desprecian. Dirán, "Perdónalos, porque no saben lo que hacen". La multitud despreció a Esteban. Desdeñaron el amor que el Espíritu Santo había puesto en su corazón. Aquellos que desean seguir el camino de la pasión de Cristo tienen que a toda costa mantener un espíritu perdonador. Aquellos que sean despreciados debido a la pasión que sienten por Dios, perdonarán profundamente, aún en los momentos de su agonía final.

DISPUESTOS A RECHAZAR EL VINO DEL MUNDO

"Y cuando llegaron a un lugar llamado Gólgota, que significa: Lugar de la Calavera, le dieron a beber vinagre mezclado con hiel; pero después de haberlo probado, no quiso beberlo".

—MATEO 27:33 A 34

Cuando gozamos de una relación íntima con Jesús, ya no deseamos el vino de este mundo, sino sólo el Suyo. El vino de este mundo ya no nos satisface. Jesús se reusó a beber el vinagre porque lo habían mezclado con hiel. No lo satisfaría; no le quitaría la sed ni el dolor porque era amarga. ¿Cuántas veces hemos recurrido a los demás para que nos quiten el dolor? Dios no quiere que recurramos sino a Él para ser sanos de nuestras dolencias. Insistamos en beber de esa bebida espiritual que representa la dulce comunión con el Espíritu Santo. Jesús es el único que puede suministrárnosla.

DISPUESTOS A SER ACUSADOS POR NUESTROS ENEMIGOS

"Y cuando le hubieron crucificado, repartieron entre sí sus vestidos, echando suertes, para que se cumpliese lo dicho por el profeta: Partieron entre sí sus vestidos, y

sobre mi ropa echaron suertes. Y sentados le guard-
aban allí. Y pusieron sobre su cabeza su causa escrita:
ESTE ES JESUS, EL REY DE LOS JUDIOS".

—MATEO 27:35 A 37

Los que aman a Dios van a ser acusados, perseguidos, crit-
icados y se levantarán cargos contra ellos (ver Apocalipsis
12:10). En ocasiones las acusaciones del enemigo vienen por
medio de los hermanos en Cristo, más que de los mundanos.
Según el Diccionario de la Real Academia Española, la
palabra "cargo" significa "falta que se le imputa a alguien en
su comportamiento"; "encausar" significa "formar causa a
uno; proceder contra uno judicialmente"; "acusar" significa
"imputar a alguien algún delito, culpa, vicio o cualquier cosa
vituperable".

En Mateo 27:37 los acusadores de Jesús levantaron causa
contra Él debido a quién Él era. Juzgaron sus motivos. Lo lla-
maron por muchos nombres, pero no le creyeron. Aquellos
que sigan el ejemplo de Cristo serán tratados de igual
manera. La multitud acusará a los seguidores de Cristo
diciendo que son: "demasiado espirituales", o "tienen la
manía de andar siempre por las nubes" y "demasiado ajenos
a la realidad".

Te doy gracias Señor de que podemos ser espirituales y sin
embargo no enajenarnos del mundo. Tú deseas que volemos
como las águilas (Isaías 40:31). Deseas que podamos remontarnos en el Espíritu para poder vislumbrar la condición del
mundo mas, sin embargo, comprender cómo vivir por
encima de ella. Cuando los demás nos regañen y nos digan
que tenemos que dejar de volar, ayúdanos Señor a remontarnos como el águila, a remontarnos como Cristo.

El espíritu de este mundo y el espíritu del enemigo odian a
quienes le ponen al Señor Jesús en primer lugar. Vamos a ser
acusados.

DISPUESTOS A TOMAR NUESTRA CRUZ Y A SEGUIRLO

"Entonces crucificaron con él a dos ladrones, uno a la derecha, y otro a la izquierda. Y los que pasaban le injuriaban, meneando la cabeza, y diciendo: Tú que derribas el templo, y en tres días lo reedificas, sálvate a ti mismo; si eres Hijo de Dios, desciende de la cruz. De esta manera también los principales sacerdotes, escarneciéndole con los escribas y los fariseos y los ancianos, decían: A otros salvó, a sí mismo no se puede salvar; si es el Rey de Israel, descienda ahora de la cruz, y creeremos en él".

—MATEO 27:38 A 42

Dios quiere que a diario tomemos nuestra cruz y carguemos con Él la deshonra y el reproche de los inconversos y de las personas religiosas. A diario nuestro estilo de vida debe ser el de cargar con nuestra cruz y morir a nuestras comodidades, deseos, placeres, sueños y planes. ¿Cómo sabremos que estamos cargando con nuestra cruz? Cuando no sintamos la necesidad de que los demás crean en nosotros, nos exalten y nos coloquen en un pedestal. La gente quería que Jesús bajara de lo alto de la cruz para que las multitudes lo tuvieran en alto. Los que caminan por la vía dolorosa no pueden actuar de esa manera. Para los que van por el camino de la cruz, su exaltación está en el lugar de la cruz. Nuestra cumbre siempre será la de la cruz, no la de nosotros mismos. Ello significa morir a esta vida a mucho de lo que es aceptable ante los demás. Nuestro lugar alto es un lugar de humildad, quebrantamiento y sumisión incondicional ante Dios.

En muchas ocasiones nosotros los creyentes hablamos el idioma del mundo porque nuestra mente es mundana y no ha sido renovada por la Palabra de Dios. Cuando nos rehusamos a apartarnos del yo y de nuestro mundo privado, nos comportamos los unos con los otros de la misma manera que los demás actuaron hacia Cristo mientras moría.

Jesús pudo haber utilizado Su poder y sabiduría para atraer a muchas multitudes en la tierra. Amar apasionadamente al Señor y obedecer sus mandamientos resulta arriesgado. Es posible que nunca jamás haya multitudes que nos sigan ni obtengamos la fama del mundo. En vez, es posible que nos desprecien. Cuando ahondamos en Cristo nos arriesgamos a que el mundo, y aún nuestros hermanos en Cristo, nos rechazen debido a que vivimos apartados del mundo. Cuando le pertenecemos sólo a Él, cargamos con oprobio que le tiene el mundo. No hacemos lo que los demás esperan de nosotros, sino sólo lo que le complace a Él. En la cruz debe morir todo nuestro anhelo de popularidad.

> "Confió en Dios; líbrele ahora si le quiere, porque ha dicho: Soy Hijo de Dios."
>
> —MATEO 27:43

La furiosa multitud lo injuriaba; exigían que Jesús diera pruebas de sí ante ellos. Buscaban señales y portentos como prueba de quién Él era y de Su relación con el Padre. No es necesario que demos prueba de nosotros mismos ante nadie más que Él, y, sin embargo, resulta tentador complacer y quedar bien ante los demás.

> "Lo mismo le injuriaban también los ladrones que estaban crucificados con él."
>
> —MATEO 27:44

Él que nos humillen y nos insulten los demás públicamente es parte del legajo de ser consagrado. Satanás, el acusador de nuestros hermanos nos reprende continuamente. Cuando lo intentemos, jamás cumpliremos con las expectativas de los demás.

LA UNIDAD QUE JESÚS COMPARTÍA CON EL PADRE

"Y desde la hora sexta hubo tinieblas sobre toda la tierra hasta la hora novena. Cerca de la hora novena, Jesús clamó a gran voz, diciendo: ¿Eli, Eli, lama sabactani? Esto es: Dios mío, Dios mío, ¿por qué me has desamparado?"

—MATEO 27:45 A 46

El corazón de Jesús se rompió cuando fue separado de Dios Padre. Nadie jamás se ha entregado tan completamente al Padre como Jesús. Nadie en la tierra ha vivido el tipo de experiencia con el Padre como lo ha hecho Jesús. Para Él, estar separado del Padre debido a que llevó nuestros pecados, le resultaba insoportable.

LA ESPOSA ESTÁ DISPUESTA
A SEGUIR AL ESPOSO HASTA EL FIN

"Mas Jesús, habiendo otra vez exclamado a gran voz, entregó el espíritu".

—MATEO 27:50

Juan 19:30 dice, "Consumado es". Jesús lo proclamó en el momento de su muerte al cumplir con Su divino mandato. Nada más para dar, nada más para hacer. Había cumplido con todo lo que Padre exigió de Él. Ahora el mundo podía encontrar la salvación.

Nosotros también hemos llegado a momentos en nuestras vidas cuando podemos decir, "Consumado es". No queda nada por hacer, nuestra labor se ha completado. Aun en la obra espiritual en la que podamos participar, encontraremos momentos de cumplimiento. Para ese entonces, le hemos dado todo al Señor y sabemos en nuestros corazones que hemos completado la obra. En otros momentos es posible que sintamos que Dios todavía tiene algunas cosas por completar en nosotros. Con frecuencia Dios nos asigna deberes que son demasiado grandes como para que los completemos en lo natural. Mas sin embargo espera de nosotros que le demos el todo.

Cuando hemos dado de nuestra propia fuerza, utilizado toda nuestra habilidad, y aún nos falta, Dios pone la diferencia de manera sobrenatural. En el momento de nuestra debilidad se revela Su fortaleza. Creo que el Señor nos está llevando a nosotros, Su esposa, a un lugar donde la obra de nuestra carne se acabe por completo. Esta es la manera en la que se nos está preparando para la gloria en esta vida, y en la venidera.

DISPUESTO A VIVIR LA VIDA DE RESURRECCIÓN

"Y he aquí el velo del templo se rasgó en dos, de arriba abajo; y la tierra tembló, y las rocas se partieron; y se abrieron los sepulcros, y muchos cuerpos de santos que habían dormido, se levantaron; y aparecieron a muchos."

—MATEO 27:51 A 53

El velo de la entrada al lugar santísimo fue rasgado en dos. Después de la experiencia de la muerte, viene la vida de resurrección, donde estamos listos para que el mundo nos vea. Hasta entonces, el mundo no nos ve.

La intimidad con el Amado tiene que ver con la cruz, la muerte y la resurrección. "Se abrieron los sepulcros, y muchos cuerpos de santos que habían dormido, se levantaron". El poder de resurrección viene para irrumpir en una unción fresca, un nuevo impartimiento de dones, de poder, y de todo lo que necesitamos para ministrarle a las multitudes.

"El centurión, y los que estaban con él guardando a Jesús, visto el terremoto, y las cosas que habían sido hechas, temieron en gran manera, y dijeron: Verdaderamente éste era Hijo de Dios".

—MATEO 27:54

Cuando nazca en nosotros esta vida de resurrección, no tendremos que decirles a las personas quiénes somos ni qué es lo que tenemos. Nuestra vida misma demostrará el poder, la presencia, y la vida de resurrección que está sobre nosotros.

La vida de resurrección atraerá al mundo y lo ganará para Cristo. Los demás nos buscarán; aún si intentamos escondernos, al igual que a veces lo intentó Jesús, la gente nos buscará. La vida de resurrección es tan genuina que las personas comenzarán a respetar a Cristo en nosotros. Es este estilo de vida el que proporcionará la plataforma que necesitamos para dar a conocer la Palabra de Dios. El cuerpo de Cristo obtendrá la atención y el respeto del mundo. La vida de resurrección en Cristo traerá consigo el temor de Dios. Nuestra sola presencia traerá temor de Dios sobre los demás. Habremos sido tan quebrantados que la vida de Cristo fluirá desde nosotros con un fuego vivo.

DISPUESTOS A PERDER LA REPUTACIÓN

"Estaban allí muchas mujeres mirando de lejos, las cuales habían seguido a Jesús desde Galilea, sirviéndole, entre las cuales estaban María Magdalena, María la madre de Jacobo y de José, y la madre de los hijos de Zebedeo".

—MATEO 27:55 A 56

Estas mujeres maravillosas estuvieron dispuestas a ministrarle a Jesús en momentos de gran tribulación, poniendo en riesgo sus reputaciones. Fueron rechazadas por la sociedad. Era peligroso ministrarle a jesús, y sin embargo estas mujeres arriesgaron la vida y la reputación. Jesús, quien había sido el Dios de toda la tierra, dejó de lado su reputación y se hizo siervo por amor a Su esposa (Filipenses 2:7).

No te preocupes por una reputación. En vez, estáte dispuesto a renunciar a ella, porque es parte del precio que hay que pagar. Parece que aquellos que son los más humildes son los que están dispuestos a recibirnos. ¿Estás dispuesto a que te desprecien por tu pasión? ¿Estás dispuesto a que te malentiendan debido a que no encajas dentro las ideas tradicionalistas de los demás? ¿Estás dispuesto a que te hagan a un lado, o a no encajar? Es posible que donde el Señor nos coloque dentro del cuerpo de Cristo no sea donde pensamos que debemos encajar. Pero cada uno de nosotros tiene un llamado diferente y cumple con una función diferente dentro del cuerpo. El propósito de nuestra vida no es el de complacer a los demás, sino a Dios.

DISPUESTO A SER CAMBIADO Y TRANSPLANTADO

Hay veces que Dios nos saca de raíz. No desea que estemos plantados más en ese lugar, quiere transplantarnos a un lugar distinto. Hay quienes intentarán mantenernos en el lugar donde opinan que mejor encajamos. Es posible que esto lo hagamos hasta nosotros mismos. Mas, cuando estamos cerca del Señor y estamos escuchando su voz, continuamente estamos siendo transformados. Cuando somos transplantados, por lo general es para un propósito mayor. Vamos de gloria en gloria, de una etapa de crecimiento a la próxima, y necesitamos que nos saquen de raíz. Tenemos que ser trasplantados en una maceta diferente, por así decirlo, para poder crecer.

Durante la crucifixión de Cristo, muchos estaban parados

a distancia, observando. La gente siempre te está observando para ver cuándo vas a caer o cómo reaccionas ante el fracaso. Es posible que el Señor permita que sucedan ciertas cosas en tu vida porque quiere que de tí emane una mayor presencia y gloria. Si no aprendes las lecciones que el Señor pone en tu camino, no lograrás ser lo mejor que puedas ser, y jamás lograrás cumplir con todo cuanto Él te ha llamado para que seas.

DISPUESTO A SUFRIR LA PÉRDIDA DE TODAS LAS COSAS

> "Al día siguiente, que es después de la preparación, se reunieron los principales sacerdotes y los fariseos ante Pilato, diciendo: Señor, nos acordamos que aquel engañador dijo, viviendo aún: Después de tres días resucitaré".
>
> —MATEO 27:62 A 63

Luego de la muerte de Jesús, algunos decían que Él era el Hijo de Dios, y otros, que era un engañador. Cuando uno vive en la participación de sus padecimientos, algunos te tildarán de engañador (ver Filipenses 3:10). No podemos preocuparnos por cambiar la forma de pensar de los demás. Nuestro deber es el de presentar a Jesús, y dejarle el resto al Espíritu Santo, pues es Su responsabilidad la de revelar a Jesús.

Filipenses 3:7 y 8 dice, "Pero cuantas cosas eran para mí ganancia, las he estimado como pérdida por amor de Cristo. Y ciertamente, aun estimo todas las cosas como pérdida por la excelencia del conocimiento de Cristo Jesús, mi Señor, por amor del cual lo he perdido todo, y lo tengo por basura, para ganar a Cristo".

La palabra "basura" significa "inmundicia, suciedad, y especialmente la que se recoge barriendo; deshecho, estiércol, residuo, desperdicio". Pablo habló de perderlo todo para ganar a Cristo. Los que aman apasionadamente al Señor serán rechazados y se expondrán al ridículo. El orgullo espiritual también hará que los demás se mofen de nosotros. Algunos prefieren el olor apestoso del orgullo a la fragancia de la piedad expresada en humildad.

¿Has sido quebrantado? ¿Deseas humillarte y estás dispuesto a obrar tras bastidores? Sólo el Espíritu Santo puede colocar en tí este deseo.

DISPUESTO A PERMANECER MUERTO TRES DÍAS

"Manda, pues, que se asegure el sepulcro hasta el tercer día..."

—MATEO 27: 64

Cuando pasamos por nuestro propio proceso de muerte, hay tres días, simbólicamente, que tienen que ver con él. Creo que el Señor nos permite un tiempo para morir antes de que experimentemos el poder de su resurrección. Durante este tiempo parece no haber vida, ni gozo, sólo muerte, tinieblas y dolor. Parece que no hay escape. Podríamos llamar a este tiempo la noche oscura del alma durante el día de vida, o la hora sexta.

Mateo 27:45 dice, "Y desde la hora sexta hubo tinieblas sobre toda la tierra hasta la hora novena". La hora sexta era el mediodía; la novena, las tres de la tarde, o sea, las quince. "Cerca de la hora novena, Jesús clamó a gran voz, diciendo..." (versículo 46). En la novena hora tú también estás listo para clamar. A veces vivimos épocas en las que no sentimos ni vemos nada. Es como si estuviéramos muertos. Entonces, en la hora novena, clamamos al Padre por Su ayuda. Después de las épocas de tinieblas, clamor y muerte, viene la vida de resurrección. Dios sabe qué nos hace morir y qué nos hace resucitar.

DISPUESTO A SALIR Y HACER DISCÍPULOS

Mateo 28:16 a 20 proclama la gran comisión. La vida de resurrección de Cristo en nosotros nos da la habilidad de caminar en la misma autoridad que le fue dada a Jesús. La vida de resurrección nos da el deseo y la habilidad para ir y hacer discípulos, duplicándonos a nosotros mismos.

Jesús nos da el mandato de discipular a los demás, de ser sus mentores espirituales. Una relación apasionada con Cristo nos lleva a la madurez y a un lugar donde nos podemos multiplicar. Nos es imposible impartirle a los demás algo que nosotros mismo no tenemos, y no podemos guiarlos por un proceso por el cual nosotros no hayamos pasado antes que ellos. Una relación íntima con el Señor trae madurez y perfección en lo espiritual. Es una de las respuestas claves para el evangelismo. Este camino crucificado, donde se nos desprecia debido a nuestra pasión, es los que nos hace aptos para el evangelismo.

PARTE II

El Camino

Su izquierda esté debajo de mi cabeza, y su derecha me abrace.

—Cantares 2:6

4

La mano invisible

Hace casi dos semanas que he estado viviendo en la cabaña mientras escribo este libro. Cada día ha sido una aventura. Todos los días me despierto con nuevas expectativas de lo que el Señor me hablará. Esta mañana me despertaron dos cosas: el alba irrumpiendo por las ventanas, y la presencia indiscutible del Señor suspendida sobre la habitación, que puso en mi rostro una sonrisa y alegría en mi alma. ¡Y a la mañana vendrá la alegría! (Ver Salmos 30:5).

La presencia del Espíritu Santo se cierne sobre mí; es el Señor cubriéndome con su bendita presencia (ver Lucas 1:35). Mi Amado me corteja y me cubre con Su óleo de gozo. Para mí, su presencia es inconfundible.

Lo busqué toda la noche en oración y en la Palabra, y ahora lo había hallado. El Señor se deleita en confirmar Su Palabra y en contestar nuestras oraciones. Al encontrarme con Él durante esos benditos momentos, me asía a Él, atesorando cada segundo en Su presencia. Si hubiera tenido que permanecer en esa habitación el día entero, me habría quedado. Me rehusaba a salir o a detenerme hasta que lo hiciera el Señor. Este tiempo era demasiado especial para interrumpirlo hasta que Él lo decidiera.

> "...Y les dije: ¿Habéis visto al que ama mi alma? Apenas hube pasado de ellos un poco, Hallé luego al que ama mi alma; Lo así, y no lo dejé..."
>
> —CANTARES 3:3 A 4

Su toque divino es como una mano invisible. Me apoya con su izquierda y me abraza fuertemente con su derecha. A veces clamo de gozo porque Su santa presencia llena mi alma hasta rebosar. Cuando el Espíritu Santo se manifiesta de ésta manera, ¿quién es capaz de contener Su maravillosa presencia? A veces el toque de Su espíritu cala hasta lo más profundo de mi alma, en el lugar más recóndito de mi ser. En mi interior surge una fuente que emana nueva vida y vitalidad y transforma mi alma.

Después de tener este tipo de encuentro, los demás notan la transformación y me preguntan, ¿Qué te ha pasado? Sólo puede responder que he sido tocada por la mano de Dios.

Cada toque de Su mano es para un propósito distinto. Vas por un camino, descubriendo más acerca de la naturaleza de Dios. Su mano invisible te abraza, te acaricia y te cubre igual que cuando Moisés vio la gloria de Dios cuando estaba escondido en la hendidura de la peña. "Y cuando pase mi gloria, yo te pondré en una hendidura de la peña, y te cubriré con mi mano hasta que haya pasado" (Éxodo 33:22). Estar cubierto por su divina presencia te recuerda de su tierno cuidado y Su misericordia.

LA MANO SANADORA DE DIOS

¿Cómo explicar un encuentro vivo con la mano invisible de Dios? Resulta imposible. Su mano obra algo nuevo en tu mente y tus emociones. Con el toque de su presencia te eleva a un nivel más alto de sanidad y restauración. Deposita algo en tí que no había antes. Te completa, dándote un sentir de bienestar del cual carecías. Si la tristeza acechaba dentro tuyo, Él la anula con su gozo y paz profundos. Comienzas a reírte del enemigo y de todas sus intenciones. Tu risa se torna en un arma de guerra.

LA MANO DEL ALFARERO

Su toque suavemente te moldea para que seas un vaso nuevo, fortaleciéndote para que camines sin temor por las épocas tenebrosas de la desilusión, el desánimo, las penas, los miedos, las frustraciones y las pérdidas. La Biblia dice, "¿No podré yo hacer de vosotros como éste alfarero, oh casa de Israel? dice Jehová. He aquí que como el barro en la mano del alfarero, así sois vosotros en mi mano, oh casa de Israel" (Jeremías 18:6).

Las manos de nuestro Alfarero divino nos moldean y nos dan forma. La Palabra de Dios dice, "Ahora pues, Jehová, tú eres nuestro padre, nosotros barro, y tú el que nos formaste; así que obra de tus manos somos todos nosotros" (Isaías 64:8). Somos la preciada obra de arte del Señor. Somos la obra de sus hábiles manos. Cada toque de Su Espíritu deja la marca de un artista sobrenatural, que nos moldea a imagen de Jesucristo.

¿Sientes que estás velado para los que te rodean? ¿Sabes a ciencia cierta que Dios ha puesto mucho en tu interior que los demás que te rodean no pueden ver? Él anhela exhibirte ante el mundo para mostrar el maravilloso tesoro de su artesanía que ha depositado muy dentro de tí.

LA MANO DE BENDICIÓN

Después de que has luchado con Dios como lo hizo Jacob para obtener Su bendición, Él te quita el temor al futuro y a lo desconocido.

> "Así se quedó Jacob solo; y luchó con él un varón hasta que rayaba el alba. Y cuando el varón vio que no podía con él, tocó en el sitio del encaje de su muslo, y se descoyuntó el muslo de Jacob mientras con él luchaba".
>
> —GÉNESIS 32:24 A 25

No tienes por qué temerle a las horas de la noche porque Él alumbrará tu camino. "Dios es luz, y no hay ningunas tinieblas en él" (1ª Juan 1:5). Dios tocó el muslo de Jacob y cojeó por el resto de su vida. Era la marca de Dios, pero no era una marca de herida, sino de bendición. Al igual que con Jacob, Dios deja una marca de bendición en nuestro corazón. Cuando en el Espíritu luchas toda la noche en oración recibes un nuevo nombre y una nueva identidad. Tu debilidad se torna en tu fortaleza cuando reconoces que tu ayuda viene del Señor. Como el cojear de Jacob, así esta bendición es la marca que identifica que le perteneces a Dios. Te das cuenta que ya no te tomas tan en serio como antes. Es más fácil aceptar tus imperfecciones.

Tu relación con Cristo es única. Su marca sobre tu vida le demuestra a los demás que has sido comprado por precio. Tu vida da testimonio a los demás de que no te perteneces a tí mismo. Esta bendición trae consigo una nueva apreciación por las debilidades que hay en tí y la fortaleza que hay sólo en Dios.

No te es dada la marca de debilidad para que te identifiques con el mundo, sino que la marca de debilidad que viene de su mano de bendición te hermosea ante Él. Eres identificado como posesión Suya. Ahora llevas la marca del Señor, eres propiedad Suya.

Es verdad que esto ya había ocurrido cuando aceptaste a Jesús como tu Señor y Salvador. Ahora, luego de haber experimentado por un tiempo lo bueno y lo malo de la vida, obtienes una mayor revelación de ello. Jesús, nuestro Amado, fue marcado y herido (Isaías 53:5). Fue traspasado para que nosotros pudieramos tener salvación, y ahora nos ha esculpido en las palmas de sus manos (Isaías 49:16).

LA MANO FAVORECEDORA

Uno de los resultados de tener un encuentro íntimo con el Señor es que los demás anhelan lo que tienes: sed de Dios y un gozo que te inunda el alma. Tanto los inconversos como los creyentes tienen celos, pues quieren más de Dios para sí mismos. Conforme lo anhelas cada vez más a Él, Dios en tí se hace más deseable para los demás. Tu presencia hace una diferencia en las vidas de los que están sufriendo. Tu presencia es un bálsamo sanador para un mundo desesperado que no conoce a Cristo. Llevas paz a dondequiera que vayas.

La gente tiene muchas cosas que les encierran el alma y les hace sentirse infeliz. A veces ni siquiera ellos mismos saben cuáles son. Tenemos que ser desatados y libertados para que podamos llevar a otros a los pies de Cristo. Él tocará sus almas con Su poder y amor y los sanará completamente. Un breve toque de Su mano puede cambiar toda una vida de dolor y penas en un comienzo lleno de esperanza.

LA MANO DEL MAESTRO MAYOR DE OBRAS

La Biblia dice, "Por tanto, nosotros todos...mirando...la gloria del Señor, somos transformados de gloria en gloria en la misma imagen..." (2ª Corintios 3:18). Cada vez que experimentamos Su presencia salimos de nuestro rincón de oración cambiados. Cada toque de Su mano nos moldea en una nueva persona. Nos está perfeccionando para sus propósitos, que aún no comprendemos totalmente, mas lo haremos en su momento.

El Señor tiene un plan para cada una de nuestras vidas. Está desarrollando en nosotros un anticipo de lo que será la eternidad. Este apetito por la eternidad, esta pasión por la gloria, aumenta con cada encuentro divino, quitándonos el deseo de tener algo que sea menos de lo que vislumbramos. Estamos dispuestos a soportar las pruebas que Él nos envía que tienen como fin desarrollar Su personalidad y comportamiento en nosotros. ¿Estás dispuesto a permitirle que cumpla totalmente Su obra en tí por toda la eternidad?

LA MANO DE PREPARACIÓN

Cuando se nos está preparando para la venida de Jesucristo, Dios nos está forjando a nosotros, su esposa, sin mancha ni arruga. Con el toque de su mano invisible borra toda imperfección y cicatriz con la cual este mundo nos ha marcado.

Se trata de un trabajo individual, y sin embargo también está obrando en todo el cuerpo. Toca a las multitudes, las bendice y las renueva. Sin embargo, su obra creativa es de a uno; nos percibe como individuos. Para Dios todos somos especiales, Jesús murió tanto por uno solo como para todos. Su presencia desciende sobre uno solo al igual que sobre un grupo entero. Él nos creó para sí mismo, en su propia imagen para tener comunión con Él (Génesis 1:26).

SU MANO DE COMUNIÓN

Gozamos del privilegio de experimentar la presencia de Dios en la Persona del Espíritu Santo. La Biblia dice que el Espíritu Santo estará en nosotros y morará en nosotros. Su presencia llenadora nunca se aparte de nosotros. Mas la presencia de Dios nos es manifestada en mayor o menor grado. Hay veces que la dulce comunión de Su presencia parece eludirnos. En un momento dado está aquí, y en el otro ya no lo está, igual que lo expresa Cantares 5:6, "Abrí yo a mi amado; Pero mi amado se había ido, había ya pasado; Y tras su hablar salió mi alma. Lo busqué, y no lo hallé; Lo llamé, y no me respondió".

Nuestro comportamiento y nuestras palabras pueden hacer que tarde en marcharse, o podemos hacer que se vaya sin darnos cuenta de lo que hemos hecho. En un abrir y cerrar de ojos la presencia de Dios puede comenzar a levantarse. Pero si nos enfocamos completamente en Jesús, aprendemos qué es lo que lo hace quedarse y qué cause que se marche su presencia.

LA MANO DE CORRECCIÓN

Con frecuencia la mano de Dios es tierna, pero a veces también puede ser fuerte. En algunos casos su mano fuerte representa la corrección, lo que incluye la misericordia de Dios y la disciplina, tal como demuestra el siguiente pasaje de la Escritura: "Y enviaron y reunieron a todos los príncipes de los filisteos, diciendo: Enviad el arca del Dios de Israel, y vuélvase a su lugar, y no nos mate a nosotros ni a nuestro pueblo; porque había consternación de muerte en toda la ciudad, y la mano de

Dios se había agravado allí. Y los que no morían, eran
heridos de tumores; y el clamor de la ciudad subía al
cielo".

—1ᴬ SAMUEL 5:11 A 12

Dios quería de vuelta el arca, y puso mano dura sobre el
pueblo para que la devolvieran a su lugar. Debido al amor del
Señor, su mano es a veces dura sobre nosotros para
forzarnos a hacer lo correcto. La disciplina de Dios es una
demostración de Su amor por nosotros. El arca representa la
presencia del Señor y su relación de pacto con Su pueblo. Su
mano sobre los Filisteos era dura para hacer que los
respetaran y devolvieran Su presencia adonde correspondía.
Dios quiere que traigamos de vuelta el arca del pacto, o sea,
la presencia de Dios. Su deseo siempre es que Su presencia
esté en el lugar que corresponde. Desea que respetemos y
honremos su presencia o aquello que la simbolice.

LA MANO DEL CIRUJANO

Cuando viene Su presencia, el Señor comienza a revelar
cosas que nos han sido veladas y tienen que corregirse. Ser
obstinado es rebeldía en nosotros. Obstinación quiere decir
"pertinancia, porfía, terquedad". Cuando Dios revela el
pecado y nosotros lo reconocemos y lo confesamos, Él nos
limpia. Su mano invisible es como la del cirujano que extirpa
la rebelión que hay en nosotros. Es necesario que nos
rindamos a Dios y le permitamos operar en nuestro corazón.
Sino, el fuego de la aflicción será nuestro mentor y el que nos
enseñará a quebrantarnos y rendirnos al control de Dios.

La presencia de Dios siempre humilla el orgullo en nuestro
interior. Hay muchas cosas en nuestro interior que el Señor ni
siquiera permite que estemos al tanto de ellas. Dios revela en
la Escritura que Él no deja que lo sepamos todo. Dice,

"Ahora han sido creadas, no en días pasados, ni antes de este día las habías oído, para que no digas: He aquí que yo lo sabía. Sí, nunca lo habías oído, para que no digas: He aquí que yo lo sabía,"

—ISAÍAS 48:7 A 8

A veces nos purifica como plata y como oro. En otras ocasiones somos echados en el horno de la aflicción. Pero Dios promete que cuando somos purificados al pasar por pruebas severas, seremos librados de ellas.

"He aquí te he purificado, y no como a plata; te he escogido en horno de aflicción. Por mí; por amor de mí mismo lo haré, para que no sea amancillado mi nombre, y mi honra no la daré a otro. Oyeme, Jacob, y tú, Israel, a quien llamé: Yo mismo, yo el primero, yo también el postrero."

—ISAÍAS 48:10 A 12

En éstos versículos Dios habla de que le pertenece en nuestras vidas tener el lugar de Señor, Él es Señor. Aprendemos del señorío de Cristo conforme tenemos comunión íntima con Dios.

"Mi mano fundó también la tierra, y mi mano derecha midió los cielos con el palmo; al llamarlos yo, comparecieron juntamente."

—ISAÍAS 48:13

LA MANO DE LIBERACIÓN

Conocer a Dios significa darse cuenta de Su poder sobre la tierra, sobre los espíritus malignos y sobre las vidas de los seres humanos. Hay momentos en los que Dios revela Su gloria, y lo único que podemos hacer es clamar "¡Santo!"

Nuestra voz se une al coro de ángeles y arcángeles que le adoran en todo Su esplendor.

De vez en cuando Dios espera hasta un momento especial para hablarnos de la promesa de la liberación. Él prometió liberar a Israel, aún cuando ella era rebelde. Su presencia trae liberación. Necesitamos que Dios nos libre de nuestros caminos rebeldes. La Escritura dice, "Engañoso es el corazón, más que todas las cosas, y perverso; ¿quién lo conocerá?" (Jeremías 17:9).

Los encuentros con el Señor nos traen liberación. Leer la Palabra nos limpia. El Señor nos revela los secretos de nuestro corazón y nos libera de heridas y temores profundos.

LA MANO LIMPIADORA

Dios constantemente nos despoja de todo aquello que estorba nuestra comunión y relación con Él.

> "He aquí que no se ha acortado la mano de Jehová para salvar, ni se ha agravado su oído para oír; pero vuestras iniquidades han hecho división entre vosotros y vuestro Dios, y vuestros pecados han hecho ocultar de vosotros su rostro para no oír."
>
> —ISAÍAS 59:1 A 2

Cuando en ocasiones nos sentimos separados de Dios, es como si Él se estuviera escondiendo de nosotros. La verdad es que hay algo en medio de nosotros que nos separa, y ese algo es el pecado. ¿Estamos dispuestos a pagar el precio del arrepentimiento para que la presencia de Dios sea nuevamente revelada a nuestra vida? Él siempre está allí, esperando; jamás te desamparará ni te dejará (Hebreos 13:5).

A pesar de ello, permite que a veces estemos apartados de Él para que nos desesperemos y humillemos lo suficiente como para pedir su perdón y su santificación. Cuando nos arrepentimos de nuestro pecado nos damos cuenta de que ya no parece esconderse más.

LA MANO QUE ESCRIBE

"Y dio a Moisés, cuando acabó de hablar con él en el monte de Sinaí, dos tablas del testimonio, tablas de piedra escritas con el dedo de Dios.

—ÉXODO 31:18

Cierta vez, cuando iba sentada en un avión, el Señor me habló y me dijo que mi corazón era como un libro abierto con páginas en blanco sobre las cuales podía escribir. El Espíritu Santo escribe con su dedo sobre la tabla de nuestro corazón. Según leemos las Escrituras y recibimos revelación del Señor, Él escribe en nuestra mente, corazón, voluntad y emociones. Su dedo comienza a operar mientras escribe con tinta permanente un mensaje que no puede ser borrado. Cuando el dedo de Dios escribe en nuestro corazón, recibimos el mensaje para nuestra vida, la esencia de nuestro ministerio.

Resulta imposible vivir tu vida espiritual a través de los demás. Tienes tú mismo que tener tu propia relación personal con Dios, escuchar de Él por tí mismo. Debes permitir que Su dedo escriba sobre la tabla de tu corazón. Sí puedes aprender de los demás que te guían a Dios, pero en su momento, eres tú mismo quien tiene que tener una experiencia directa con Dios. Una vez que te hayas preparado y te presentes ante Él, el Señor descenderá sobre tí.

LA MANO QUE CUBRE

"Y dijo aún Jehová: He aquí un lugar junto a mí, y tú estarás sobre la peña; y cuando pase mi gloria, yo te pondré en una hendidura de la peña, y te cubriré con mi mano hasta que haya pasado. Después apartaré mi mano, y verás mis espaldas, mas no verás mi rostro."

–Éxodo 33:21 a 23

La mano que cubre de Dios es Su presencia y Su gloria. Dios cubrió a Moisés con Su gloria al pasar y revelarse a sí mismo. En nuestra desnudez, Dios viene y nos viste con Su gloria, o sea, su bondad. Cuando digo desnudez, me refiero a todos esos lugares secretos en nuestro corazón qué sólo Él conoce: nuestros miedos, inseguridades, nuestras penas secretas. Dios nos cubre para que estemos expuestos sólo a Él, y a nadie más.

"Y Jehová descendió en la nube, y estuvo allí con él, proclamando el nombre de Jehová. Y pasando Jehová por delante de él, proclamó: ¡Jehová! ¡Jehová! fuerte, misericordioso y piadoso; tardo para la ira, y grande en misericordia y verdad; que guarda misericordia a millares, que perdona la iniquidad, la rebelión y el pecado, y que de ningún modo tendrá por inocente al malvado; que visita la iniquidad de los padres sobre los hijos y sobre los hijos de los hijos, hasta la tercera y cuarta generación. Y dijo: Si ahora, Señor, he hallado gracia en tus ojos, vaya ahora el Señor en medio de nosotros, porque es un pueblo de dura cerviz; y perdona nuestra iniquidad y nuestro pecado, y tómanos por tu heredad."

–Éxodo 34:5 a 9

El intercesor viene ante Dios en calidad de sumo sacerdote, tal como lo hizo Moisés. En la presencia de Dios te paras en la brecha e intercedes a favor del pueblo de Dios. Esto no sólo es para sentirte realizado tú, sino que también tiene un propósito mayor. Al igual que con Moisés, hay ciertas cosas que se requieren de nosotros. Moisés tenía que estar preparado en un cierto lugar y a una cierta hora para presentarse a sí solo.

Dios se proclamó a sí mismo ante Moisés durante este encuentro especial. No fue Moisés quien proclamó quién era Dios, sino Dios mismo. "Y pasando Jehová por delante de él, proclamó: ¡Jehová! ¡Jehová! fuerte, misericordioso y piadoso; tardo para la ira, y grande en misericordia y verdad; que guarda misericordia a millares, que perdona la iniquidad, la rebelión y el pecado..." Éxodo 34:6 a 7

LA MANO MISERICORDIOSA

Dios reveló la profundidad de su personalidad y la maravilla de su naturaleza a Moisés, tan sólo dejando que éste lo entreviera por un instante. Moisés vio a Dios en todo su esplendor y su majestad.

Cuán conmovedor es experimentar la gracia, el temor, la justicia, la misericordia, el amor, la verdad, la benignidad y la paz de Dios sin morir. La bondad de Dios mantuvo vivo a Moisés en su santa presencia. Este es el verdadero éxtasis santo. La misericordia de Dios triunfa sobre su juicio. Cuando el Señor saca a la luz las impiedades en nuestra vida, su misericordia nos cubre y nos protege de su juicio debido a la sangre de Cristo.

"Entonces Moisés, apresurándose, bajó la cabeza hacia el suelo y adoró" (Éxodo 34:8). Así reaccionó Moisés ante Dios, sirviendo de sacerdote e intercediendo por su pueblo. "Y dijo: Si ahora, Señor, he hallado gracia en tus ojos, vaya ahora el Señor en medio de nosotros, porque es un pueblo de dura cerviz; y perdona nuestra iniquidad y nuestro pecado, y tómanos por tu heredad" (Éxodo 34: 9). Moisés se identificó con los pecados de su propio pueblo y se arrepintió en nombre de ellos. Este es el verdadero significado de ponerse en la brecha. Moisés presentó ante Dios a este pueblo de dura cerviz. El papel que desempeñó es el mismo que el de los intercesores de hoy.

Cuando Dios se manifiesta en su maravillosa gloria, reaccionaremos igual que lo hizo Moisés. Nos postraremos y lo adoraremos. Dios siente hacia nosotros un amor apasionado, es por eso que su presencia se cierne sobre nosotros, para cargarnos de su gloria.

LA MANO DERECHA Y LA IZQUIERDA

"Me llevó a la casa del banquete, Y su bandera sobre mí fue amor. Sustentadme con pasas, confortadme con manzanas; Porque estoy enferma de amor. Su izquierda esté debajo de mi cabeza, Y su derecha me abrace."

—CANTARES 2:4 A 6

Las manos de Dios, tanto su derecha como su izquierda, ambas, son igual de poderosas y confiables. Podemos confiar en Sus manos. La mano derecha es la de poder, habilidad y autoridad (ver Job 40:14; Salmos 45:4; 137:5; Proverbios 27:16; Mateo 27:29; Apocalipsis 1:16). También es una mano llena de amor y de ternura (ver Cantares 2:6; 8:3). Es la que otorga las más grandes bendiciones (ver Génesis 48:13 a 18; Apocalipsis 1:17). El lugar de mayor favorecimiento, honra o influencia está en la derecha (ver 1ª Reyes 2:19; Salmos 45:9; 109:6; Mateo 25:33). Es la mano o el lado más importante debido a que es la mano que guía al hombre (ver Salmos 73:23).[1]

La diestra de Dios es una expresión favorita del Antiguo Testamento para expresar el poder del Todopoderoso en la creación (Isaías 48:13); en la guerra y en la liberación (Éxodo 15:6; Salmos 17:7; 18:35; 20:6; 44:3; 78:54; 98:1; 118:16;

139:10); y para su propósito soberano (Salmos 16:11; 48:10; 80:15, 17). Estar sentado a la diestra de Dios significa ocupar el puesto de mayor honra, reservado únicamente para la figura real del Mesías (ver Salmos 110:1).

A la izquierda por lo general se la identifica con hacer guerra. En la antigüedad ser ambidextro era sumamente deseado, especialmente entre los guerreros (ver Jueces 20:16). [2] A veces una relación personal con Dios es como tener una mano a la cual uno puede asirse en medio de una multitud. Sentimos la bendita seguridad de que Él está allí con nosotros y de que no estamos solos. No tenemos que hacer nada espectacular, sino caminar con Él y permitir que el nos guíe en el camino. Cuando nos tomamos de la mano, nuestros corazones también se enlazan. La confianza en Dios viene del toque de su mano invisible.

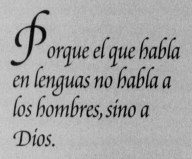

Porque el que habla
en lenguas no habla a
los hombres, sino a
Dios.

—1 Corintios 14:2

5

El lenguaje del amor

Uno de los dones más preciosos que nos da el Espíritu Santo es el don de lenguas. Es el lenguaje del amor y de la guerra. Es tanto un lenguaje personal que hablamos con el Señor en la intimidad como un arma en la lucha espritual. Mas sin embargo con frecuencia descuidamos y malinterpretamos este don. A través de las edades se lo ha llamado el lenguaje del éxtasis, y a los que lo han ejercitado se los ha tildado de desequilibrados, necios o poseídos por otros espíritus. Pablo dijo, "Doy gracias a Dios que hablo en lenguas más que todos vosotros" (1 Corintios 14:18). Él no se avergonzó de este don en su vida, pero quería asegurarse de que lo utilizaba ante Dios y ante los hombres de la manera correcta. Personalmente, yo no sé qué haría sin este bendito don del cielo.

EL LENGUAJE DEL FUEGO

El libro de los Hechos usa el término "lenguas de fuego". Este don es eso exactamente, ¡es tanto fuego como poder! El don de lenguas también es un idioma apasionado. Al hablar en estas lenguas de amor es posible que sientas un fuego que arde en tu espíritu y te fortalece, impulsándote a adorar, alabar, orar y cumplir la voluntad de Dios.

EL LENGUAJE DE LA OFENSA

El don de lenguas ofende, y muchos en la actualidad piensan que no y no resulta relevante. La razón por la cual es ofensivo es debido a que ofende al enemigo. Satanás conoce el poder de la lengua para hacer el bien o el mal (Santiago 3:5 a 10). Este lenguaje se utiliza con frecuencia para alabar a Dios, algo que el enemigo odia y no puede comprender. Ofende la mente y el intelecto de los que tienen miedo de cederle a Dios lo más recóndito de su corazón porque no quieren que los demás piensen que están locos. Uno tiene que estar dispuesto a que los demás piensen que uno está loco para hablar en lenguas. Este don exige un corazón humilde y sometido a Él.

EL LENGUAJE DE PODER Y AUTORIDAD

Yo no negaría este don por nada del mundo. El don de lenguas me ha sido dado directamente por Jesús por medio de su Espíritu Santo. En algunos ambientes este maravilloso lenguaje de oración casi ha sido olvidado; muchos no sienten necesidad por él y creen que ha perdido la importancia. Hoy en día necesitamos las lenguas más que en cualquier otra época. Necesitamos las lenguas tanto para guerrear como para expresarle a Dios nuestro amor, adoración y alabanza.

El don de lenguas puede considerarse como la herramienta fundamental para comunarnos con el Señor en nuestro lugar secreto de oración. Por medio del espíritu se relaciona con el corazón de Dios, pues emana del mismo. Es poderoso porque habla los misterios y los secretos del Espíritu Santo. Con este idioma podemos expresarnos ante Dios mucho más allá de lo que nos permite nuestro intelecto limitado (1 Corintios 14:2). Cuando le resulta imposible a nuestra mente articularse, nuestro espíritu toma las riendas volcándose en un lenguaje más perfecto y profundo de oración y adoración.

EL LENGUAJE DEL ESPÍRITU SANTO

Por medio del don de lenguas nos es posible expresar la mente y el corazón del Espíritu Santo hacia y desde el Padre. Creo que aquellos que desean gozar de mayor intimidad con el Señor se dan cuenta instintivamente de que este don les ayudará en gran manera. Hay muchos que tienen una relación íntima con Dios a pesar de no tener sus lenguas de oración, pero aliento a todo aquél que esté abierto, aunque sea considerarlo, que busque a Dios para recibir de Él este don.

Es posible que sea uno de los dones que más descuidamos hoy en día los carismáticos y los pentecostales. Algunos que sí tienen el don de lenguas han perdido el fuego que debería acompañarlo. Esos individuos sienten una sequedad interior al hablar en lenguas nada más por obediencia. ¿Necesitas ponerle leña a tu fuego? Continua siendo obediente, dedica más tiempo a la oración en lenguas y a adorar a Jesús en el Espíritu tan frecuente como te sea posible. Tu fuego volverá a arder.

Aunque también podemos orar en el espíritu en nuestro propio idioma, necesitamos vivir de nuevo el día de Pentecostés. Todos los días deberían ser día de Pentecostés. En la casa de Cornelio en Cesarea, los creyentes hablaron en lenguas (Hechos 10:46). Los discípulos de Juan en Efeso hablaron en lenguas cuando creyeron (Hechos 19:6). Algunos comentaristas de la Biblia creen que el don de lenguas también se manifestó en Samaria (Hechos 8:17 a 18).

EL LENGUAJE DEL CIELO

El don de lenguas es un lenguaje de adoración celestial y amor a Dios. Debe operar por medio del amor. Cuando este idioma se habla en amor, alcanza grandes victorias en la guerra espiritual.

El don de lenguas es un idioma celestial, de hombres y de ángeles; es menester hablarlo con amor (1 Corintios 13:1). Es por eso que el enemigo hace todo lo posible para que no lo hablemos. Satanás odia que hablemos en lenguas porque estas penetran el mundo espiritual. Cuando usamos el don de lenguas hablamos de las cosas santas de Dios. Utilizamos el lenguaje que ayuda a atraer la gloria de Dios. Este lenguaje nos ayuda a acercarnos a Dios porque estamos hablando con Él, y no con el hombre, a menos que haya interpretación (1 Corintios 14:2).

El don de lenguas es un lenguaje de mandato, el mandato de Dios, porque hablamos por poder del Espíritu Santo. Por un lado aterroriza el corazón del enemigo, y por otro es un lenguaje de humildad. Uno tiene que deshacerse del orgullo y hacerse como un niño para poder expresar este don. Es un lenguaje de poder y autoridad expresado mediante labios humildes.

EL LENGUAJE DE RENOVACIÓN Y DESCANSO

El don de lenguas es un lenguaje refrescante, vivificador, renovador y que da descanso (ver Isaías 28:11 a 12). Aun es el lenguaje de la reconciliación entre tú y Dios debido a que produce una íntima comunión con Jesús. Cuando una persona habla en una lengua que desconoce, se está comunicando con Dios mediante una alabanza y adoración perfectas. Sólo puede ocurrir si somos uno con el Espíritu Santo. Este lenguaje del Espíritu corteja el corazón del Padre, y el nuestro también.

En ocasiones el don de lenguas ha sido un metal que resuena o címbalo que retiñe, pero también puede tocar la trompeta y llamar a guerra al ejército de Dios. Cuando oramos a Dios en lenguas, Él responde y envía ayuda. De ninguna manera debemos avergonzarnos del don del Espíritu Santo, don precioso a utilizarse mayormente en el lugar secreto de oración, sólo entre Dios y yo. Sin embargo hay veces en que las lenguas deben usarse en la congregación, ya sea con interpretación para edificar a todos los creyentes, o sin interpretación, cuando la congregación entera levanta a una su voz en adoración a Dios o en lucha espiritual. Cuán gloriosa es la experiencia cuando la congregación entera levanta a una su voz en el lenguaje celestial de amor y de guerra. Miles de demonios salen huyendo. La atmósfera espiritual se limpia.

EL LENGUAJE DE LA INTIMIDAD

El don de lenguas es un lenguaje de intimidad que expresa deleite al hacer la voluntad de Dios. Es un lenguaje de sumisión, obediencia y humildad (ver 1 Corintios 14:15). Algunos se sienten ridículos cuando hablan en lenguas, pero cuando uno está enamorado, no le importa sentirse un poco ridículo. El día de Pentecostés se pensó que los creyentes que hablaban en lenguas estaban emborrachados. Utilizar este lenguaje puede dejarte emborrachado de la presencia de Dios.

Romanos 8:26 a 27 menciona "gemidos indecibles". Considero que en ocasiones estos gemidos son producto del don de lenguas operando bajo la unción del Espíritu Santo. Los gemidos también son, literalmente, gemidos, quejidos, lamentaciones y exclamaciones que son demasiadas profundas para expresarse con palabras, sino que se expresan con sonido que sólo Dios mismo comprende.

EL LENGUAJE DE LA UNCIÓN

No sólo cae sobre el que ora en lenguas una unción especial, sino también sobre el que lo escucha para interpretar lo que fue dicho. Hace muchos años oré para que mi hermana recibiera el bautismo en el Espíritu Santo. Cuando comencé a hablar en lenguas, la unción cayó sobre ella, y ella interpretó todo lo que yo había dicho (ver 1 Corintios 12:10 , 30; 14:13, 27). Ella nunca había oído hablar de la interpretación. No sabía mucho acerca de los dones del Espíritu Santo, era recién convertida, nueva a las cosas espirituales.

En sus oídos espirituales ella oyó una interpretación hacia su idioma natal, el inglés, mientras yo hablaba en una lengua desconocida. El Espíritu Santo ungió mi boca para hablar en otra lengua y a la vez los oídos de mi hermana para escuchar e interpretar, al igual que en el día de Pentecostés. Ella me miró y escuchó sorprendida, mientras oía la interpretación al inglés. Fue Dios quien le dio la habilidad para comprender las palabras. Completamente sorprendida me miró y me dijo, "¡Escuché y comprendí lo que dijiste!" Mi hermana experimentó una unción para interpretar el lenguaje del Espíritu Santo.

EL LENGUAJE ÉTNICO

Glosolalia, o hablar en lenguas, no sólo significa "lenguajes extranjeros hablados milagrosamente" por los que jamás los han aprendido, sino también "lenguaje de éxtasis y étnico".

Para recibir este lenguaje celestial basta con pedírselo a Dios. Con frecuencia he escuchado relatos en que misioneros se dirigieron a un grupo de personas sin hablar el idioma, y el Espíritu Santo los facultó para hablar en el idioma natal. Aún hoy en día Dios obra este milagro.

A veces, cuando una persona no tiene el tiempo necesario para aprender un idioma, puede aprenderlo de manera sobrenatural. Dios les otorga esta habilidad a individuos según lo considera necesario.

EL LENGUAJE DE LA EVIDENCIA

Hablar en lenguas es una de las pruebas que demuestran que una persona ha recibido el bautismo en el Espíritu Santo, pero opino que no es la única. El don de lenguas es una señal externa de la obra interior del Espíritu Santo. La obra interior tiene que tener lugar antes de que pueda manifestarse la señal exterior.

Hubo tres mil personas que creyeron y fueron salvas el día de Pentecostés, y las lenguas les sirvieron de señal a los que fueron salvos ese día. Las siguientes dos Escrituras lo comprueban:

> "Varones israelitas, oíd estas palabras: Jesús nazareno, varón aprobado por Dios entre vosotros con las maravillas, prodigios y señales que Dios hizo entre vosotros por medio de él, como vosotros mismos sabéis..."
>
> —HECHOS 2:22

> "Con todo, las señales de apóstol han sido hechas entre vosotros en toda paciencia, por señales, prodigios y milagros."
>
> —2 CORINTIOS 12:12

Las lenguas eran una señal para los inconversos en Hechos 2:11 y para los judíos creyentes de que los gentiles creyentes eran aceptos ante Dios en Hechos 10. En Hechos

19:2 a 6 el don de lenguas convalidó la realidad del Espíritu Santo en sus vidas.

> "En la ley está escrito: En otras lenguas y con otros labios hablaré a este pueblo; y ni aun así me oirán, dice el Señor. Así que las lenguas son por señal, no a los creyentes, sino a los incrédulos; pero la profecía, no a los incrédulos, sino a los creyentes."
>
> —1 Corintios 14:21 a 22

EL LENGUAJE DE LA EDIFICACIÓN

El Señor da el don de lenguas como lenguaje de fe y edificación, para fortalecimiento. "El que habla en lengua extraña, a sí mismo se edifica" (1 Corintios 14:4). Orar en lenguas es una hermosa manera en que nos expresamos a Cristo y nos edificamos a nosotros mismos en el Espíritu Santo. La definición para edificar es "fabricar, hacer un edificio o mandarlo a construir; infundir en otros sentimientos de piedad y virtud". Me conmueve la frase "hacer un edificio". Tenemos al Creador del universo viviendo dentro de nuestra casa o "edificio" espiritual.

EL LENGUAJE DE LA DEVOCIÓN

Construyamos nuestra casa con oración y profunda devoción a Cristo orando en este lenguaje de devoción. El don de lenguas es el lenguaje perfecto para la alabanza: "...hable para sí mismo y para Dios" (1 Corintios 14:28).

Tenemos la habilidad de comunicarnos con el Señor en privado, en nuestro corazón, y con lenguas, aún si estamos rodeados de otros. En 1 Corintios 14:18 a 19 Pablo dijo, "Doy gracias a Dios que hablo en lenguas más que todos vosotros; pero en la iglesia prefiero hablar cinco palabras con mi entendimiento, para enseñar también a otros, que diez mil palabras en lengua desconocida".

Más que la mayoría de los demás, Pablo sabía cuán valiosas son las lenguas. Era tan precioso este don que cuidaba de no usarlo indebidamente en público. Sin embargo, en privado, no lo descuidaba. Sabía que resultaba importante que los demás también reverenciaran este don. Si alguien siente que Dios lo guía a hablar en lenguas en la congregación y no hay intérprete, esa persona puede ausentarse de allí si prevalecen sobre ella los gemidos. A veces el Espíritu Santo cae a una sobre la congregación entera, y mueve a todos a gemir en el Espíritu.

Pablo nos amonestó a que no prohibamos las lenguas, pero también se dio cuenta del peligro que puede ocurrir cuando se utilizan indebidamente. Creo que se ha obstaculizado el uso del don de lenguas en el cuerpo de Cristo debido a que hemos enfocado más los problemas que pueden surgir en vez de los beneficios derivados de su práctica. Cuando el Espíritu Santo se sirve de algo con gran poder, nuestra tendencia es la de enfocar el aspecto negativo en vez del positivo, y es así como el enemigo puede obstaculizarnos o impedirnos completamente. Preferimos que todo sea perfecto, sin error alguno, en vez de permitir que el Espíritu Santo opere en nosotros y tengamos que hacer un poco de limpieza más tarde. Todos cometemos errores, y aprendemos sobre la marcha, con la gracia de Dios.

EL LENGUAJE DE LA PROFECÍA

Cuando se lo utiliza en público, el don de lenguas va acompañado del don de la interpretación. El don de lenguas no se usa con frecuencia en público con la interpretación porque raras veces se lo utiliza en privado o en pequeños grupos. Se debe más que nada a la falta de práctica. En 1 Corintios 14:40 dice, "pero hágase todo decentemente y con orden". Mi oración es que no apaguemos al Espíritu Santo, ni en nosotros ni en los demás, debido a que la relación que tenemos con el Espíritu Santo es una donde hay una revelación progresiva de Jesucristo. Nos queda mucho por aprender.

En la Escritura Pablo detalla cuatro cosas acerca de las lenguas y de su uso:

1. La intención es la de edificar o fortalecer a los que están presentes.
2. No deben hablar más de dos o tres en cada reunión.
3. Deben turnarse.
4. Si no hay intérprete presente, el que habla en lenguas debe callar (ver 1 Corintios 14).

Cuando una persona ha proclamado un mensaje en lenguas en una congregación, por lo general espera a que alguien que tenga el don de interpretación lo traduzca. Opino que si Dios le da a un individuo la unción para hablar en lenguas ante un grupo, le dará también la interpretación por medio del Espíritu Santo si nadie más interpreta.

EL LENGUAJE DE LA ESPOSA QUE ESTÁ A LA EXPECTATIVA

El don de lenguas nos fue dado en calidad de esposa de Cristo mientras esperamos ansiosamente a nuestro Esposo. No es necesario que carezcamos de los dones que Él nos ha dado. En 1 Corintios 1:7 Pablo dijo, "de tal manera que nada os falte en ningún don, esperando la manifestación de nuestro Señor Jesucristo; el cual también os confirmará hasta el fin, para que seáis irreprensibles en el día de nuestro Señor Jesucristo".

Necesitamos de todo lo que esté a nuestro alcance hasta

Su venida. De cierta forma, hemos sido privados en el cuerpo de Cristo durante los últimos años. Dios desea unidad en el cuerpo. Tenemos que tener cuidado cuando nos reunimos con los demás de no ofenderlos. Deberíamos estar dispuestos a dejar de lado el uso de algunos dones que utilizamos en nuestro campo cuando nos reunimos con personas que no creen igual que nosotros. Así de importante resulta alcanzar la unidad en el Espíritu Santo. Por otro lado, debemos cuidar de no irnos al extremo y negar los dones de Dios en nosotros.

Nuestro enfoque jamás debe recaer sobre el don de lenguas; Jesús es la más grande dádiva de todas. Cuando las lenguas provienen realmente de Él, lo glorificarán, siempre lo ensalzarán a Él y revelarán Su pensar y su sentir. Sin embargo, debemos recordar que las lenguaras provocarán ofensa en algunos. La Escritura dice, "...mayor es el que profetiza que el que habla en lenguas" (1 Corintios 14:5). Debido a esto algunos erróneamente sienten que el don de lenguas no es de valor. Mas el don de lenguas es el arma poderosa y secreta del Espíritu Santo. Cuando hablamos en lenguas, el enemigo no sabe lo que estamos diciendo; le resulta imposible interpretarlo.

EL LENGUAJE DE LA ORACIÓN

Oro para que Dios avive el fuego del don de lenguas en tu interior y ponga más leña a la llama del Espíritu Santo. Oro para que la mente, la voluntad y las emociones de Dios se manifiesten en tí conforme oras y alabas en lenguas, el lenguaje perfecto de oración en el Espíritu Santo. Si deseas recibir este don, mi oración es que ni tu intelecto ni tu orgullo te sean impedimento, sino que te rindas en sumisión total ante Jesucristo. Pide y recibe para que tu gozo sea cumplido. Abre la boca y permite que el Espíritu Santo la llene. Deja a un lado toda inhibición y habla por fe. Nadie se está fijando en tí. Estas en la presencia de una sola persona, Jesucristo.

El hecho de que no siempre comprendamos lo que estamos diciendo no debe limitarnos. Dios es el que nos escucha y el que comprende nuestro lenguaje de oración. Cuando hablamos en lenguas entramos en un campo espiritual donde tocamos lo milagroso. ¡Cuán conmovedor resulta experimentar sus visiones, sueños, señales y prodigios! Orar en lenguas puede resultar en un diálogo continuo entre tú y Dios. Me gusta orar en lenguas a la mañana cuando me levanto y a la noche cuando me acuesto. Con frecuencia siento que mi espíritu está orando en lenguas muy dentro mío.

Hechos 2:4 dice que es el Espíritu quien nos da lo que debemos hablar. Hablar significa "articular, proferir palabras para darse a entender; expresarse de algún u otro modo; dirigir la palabra a una persona; rogar, interceder por uno". Es el Espíritu Santo quien nos dota de la habilidad para hablar, y nosotros nos unimos con Dios para expresar abiertamente el lenguaje espiritual del hombre interior. Utilizamos nuestras propias cuerdas vocales, sonidos, lengua y labios, pero es Dios mismo quien forma las palabras.

EL LENGUAJE DE LA EMOCIÓN CELESTIAL

Bajo el poder y la dirección del Espíritu Santo se expresa por medio de las lenguas toda emoción humana. Son emociones que Dios mismo expresa a veces. Cuando el Espíritu de Dios se mueve en nosotros, es posible que nos conectemos con Sus emociones y sintamos lo que Él siente. Participamos de una maravillosa unidad con el corazón del Padre.

"Escucha, oh Jehová, mis palabras; Considera mi gemir. Está atento a la voz de mi clamor, Rey mío y Dios mío, Porque a tí oraré. Oh Jehová, de mañana oirás mi voz; De mañana me presentaré delante de tí, y esperaré".

—SALMOS 5:1 A 3

Cada emoción que encontramos en el libro de los Salmos puede ser expresada en nuestra vida bajo la unción del Espíritu Santo. Aun emociones negativas que tememos expresar también se encuentran en los Salmos, que es un libro de oración y alabanza. Dios comprende cada emoción expresada en nuestro interior y en nuestro exterior. Comprende cada gemido, gruñido, suspiro, quejido, lamento, clamor, o palabra que procede del corazón del hombre. Entiende cada sonido ininteligible, cada expresión o emoción del espíritu; fue Él quien creó el sonido. En 1 Corintios 14: 10 dice, "Tantas clases de idiomas hay, seguramente, en el mundo, y ninguno de ellos carece de significado".

El lenguaje del amor y de la guerra es un idioma de comunicación ininterrumpida con Dios. Él mismo ríe, grita, suspira, susurra, silba, canta, llora, clama, gime y se queja, entre otras emociones. Dios se ríe de sus enemigos y silba para las naciones. "Él que mora en los cielos se reirá; El Señor se burlará de ellos" (Salmos 2:4). "Alzará pendón a naciones lejanas, y silbará al que está en el extremo de la tierra; y he aquí que vendrá pronto y velozmente" (Isaías 5:26).

Te aliento a que ahondes más profundamente y descubras nuevamente, o quizás por primera vez, este hermoso don de lenguas con todos sus conmovedores beneficios. Expande tus expresiones espirituales por medio de este lenguaje de amor, de guerra y celestial.

"*Mas Jehová está en su santo templo; calle delante de él toda la tierra*".

—Habacuc 2:20

6

El silencio: la llave que abre la puerta al trono

Cierta noche, mientras un grupo de nosotros cenaba, hubo varios minutos de silencio. Algunos parecían incómodos e intentaban avivar la conversación haciendo preguntas, relatos o chistes. Muchas veces nos sentimos incómodos cuando hay un momento de silencio, ya sea con los demás, nosotros mismos, o con Dios. El cielo, sin embargo, reacciona de una manera muy diferente ante el silencio. Según se torne más íntima tu relación con Dios descubrirás que el silencio es un arma poderosa en el cielo. Con frecuencia es el silencio lo que en tu vida activa, libera y precede los más grandes beneficios espirituales.

Yo solía pensar que orar era hablar con Dios. Esa es una definición de la palabra oración, mas descubrí hace años que orar quiere decir mucho más que hablar solamente. Es una relación que tiene que ver más con la comunicación que con las oraciones. Sí, el propósito de las palabras es la comunicación, mas lo que emana del corazón o del espíritu es más importante aún. En ocasiones no nos bastan las palabras para expresarnos adecuadamente. Con la ayuda del Señor, nuestras palabras comenzarán a respaldar a nuestro corazón.

Por muchos años solía orar a horas de la madrugada para reunirme con mi Señor. Un día descubrí que no tenía por qué ser la única que hablaba. Conforme esperaba y escuchaba, me encontraba sumida en el silencio por horas ante la presencia de Dios. Algunos días permanecía sentada en silencio de una a cuatro horas; en otros hasta ocho oras, o más. No estaba mirando el reloj, pero cuando se levantaba la unción me asombraba de cuánto tiempo había transcurrido. Durante retiros personales especiales que tomo durante el año pasaba varios días en silencio y sin embargo mantenía una bendita comunicación con mi amado Señor Jesús. En varias ocasiones sentí que había visto y probado del cielo. Quizás así fue, ¿quién sabe? Sólo Dios.

Juan el Amado tuvo una revelación de Jesucristo y dijo en Apocalipsis 1:10, "yo estaba en el Espíritu en el Día del Señor...". Pablo describió una visión en 2 Corintios 12:2 a 4, diciendo, "Conozco a un hombre en Cristo, que hace catorce años (si en el cuerpo, no lo sé; si fuera del cuerpo, no lo sé; Dios lo sabe), que fue arrebatado al paraíso, donde oyó palabras inefables que no le es dado al hombre expresar". ¿Qué puedo responder? El Señor todavía se mueve sobre hombres y mujeres de esta manera hoy, y lo seguirá haciendo en el futuro. Nos hemos vuelto demasiado cínicos y llenos de incredulidad. Si el Señor quisiera que tuviéramos esa clase de experiencia, ¿se lo permitiríamos? Quizás éste sea el día de tu visitación celestial. ¿Quién lo sabe? Sólo Dios.

EL SILENCIO: UNA LLAVE AL CIELO

"Cuando abrió el séptimo sello, se hizo silencio en el cielo como por media hora. Y vi a los siete ángeles que estaban en pie ante Dios; y se les dieron siete trompetas.

> Otro ángel vino entonces y se paró ante el altar, con un incensario de oro; y se le dio mucho incienso para añadirlo a las oraciones de todos los santos, sobre el altar de oro que estaba delante del trono. Y de la mano del ángel subió a la presencia de Dios el humo del incienso con las oraciones de los santos. Y el ángel tomó el incensario, y lo llenó del fuego del altar, y lo arrojó a la tierra; y hubo truenos, y voces, y relámpagos, y un terremoto."
>
> —APOCALIPSIS 8:1 A 5

En esta cita presenciamos una escena ante el trono celestial de Dios. Vemos cómo los ángeles forman parte integral de las operaciones del reino en la tierra por medio de la oración y de la adoración. Los capítulos siete y ocho del Apocalipsis revelan un patrón de adoración que lleva al silencio. Descubrirás que el Espíritu con frecuencia te guiará por ese camino. Comienza exaltando a Dios en alabanza, con grandes olas de adoración y gritos de emoción, y termina en un silencio maravilloso y santo.

Este silencio está impregnado de expectativas mientras recibes una nueva revelación de la soberanía de Dios. Esta experiencia de adoración no es sólo para la congregación, sino que también puedes sentirlo durante tu tiempo a solas con Dios.

EL SILENCIO: LA LLAVE QUE LIBERA LA VOZ DE DIOS

¿Así que deseas una mayor intimidad con el Padre? Te aliento a que saques tiempo para permanecer en silencio ante Dios y permitir que Él te hable. Según esperas ante su presencia, su voz se hará cada vez más clara. Él habla a nuestro hombre interior. Mas aún cuando habla, no siempre lo hace con palabras. Hay momentos en que se produce en nosotros una sensación; o que en nuestro corazón veamos momentáneamente una imagen o visión. Es posible que el Señor nos imparta algo, y luego nos explique lo que obró. Dios también nos habla por medio de su palabra cuando nos sentamos a leerla, permitiendo que nuestra alma la digiera tranquilamente.

En esta cita bíblica vemos que hubo un silencio en los cielos, y los santos ofrecían oraciones sobre el altar de oro que queda ante el trono. Dios le dio a los santos toda su atención. El humo del incienso que acompañaba las oraciones de los santos subía ante Dios de manos de los ángeles. Creo que los ángeles ayudan a presentar nuestras oraciones ante Dios de una manera que no compenderemos hasta que veamos cara a cara a nuestro Señor.

EL SILENCIO: LA LLAVE QUE ACCIONA LAS ORACIONES DE LOS SANTOS

Me parece que durante esta maravillosa escena de intercesión celestial, Dios ya sabía de antemano lo que quería hacer. Sólo estaba esperando que se accionaran las oraciones. Luego de que hubiere descendido el silencio, fue seguido de gran actividad. Conforme en el cielo reinaba el silencio, las oraciones y peticiones de los santos de la tierra eran traídas ante el trono de Dios.

Mientras el cielo entero esperaba en una santa quietud, las contestaciones a las peticiones y oraciones irrumpieron, rompiendo el silencio con el poder de la respuesta de Dios.

EL SILENCIO: LLAVE DE LA LIBERACIÓN

Moisés se dirigió al pueblo de Israel cuando huían de

Faraón y de los egipcios, diciendo, "Jehová peleará por vosotros, y vosotros estaréis tranquilos" (Éxodo 14:14). También nosotros encontramos liberación cuanto permanecemos quietos ante el Señor. El silencio es un acto de fe en la oración; es una paz tranquila que revela un corazón confiado en Dios, que sabe a ciencia cierta que Él cumplirá lo que ha prometido.

Antes de que los ángeles entraran en acción se suscitaron una serie de eventos. Parece que fue cuando habían subido ante el trono de Dios las suficientes oraciones, que el Señor envió a los ángeles para que contestaran las peticiones. El Señor pronunció su Palabra y envió a los ángeles del cielo como respuesta a las oraciones de los santos en la tierra.

> "Entonces despertó el Señor como quien duerme,
> Como un valiente que grita excitado del vino, E hirió a
> sus enemigos por detrás; Les dio perpetua afrenta."
> —SALMOS 78: 65 A 66

Cuando el Espíritu Santo nos guía a permanecer en silencio, Dios se torna en valiente guerrero para traernos la victoria.

Hay muchos que no piensan que los que oran de manera callada y contemplativa luchan espiritualmente. Damos por sentado que mientras más fuerte oramos más poderoso es el efecto. Jamás es el ruido lo que trae la victoria en la oración. La victoria viene conforme obedecemos la guía del Espíritu Santo, sea con o sin ruido. No es cuestión de cuán fuerte o suavemente oremos, sino de la estrategia que Dios esté utilizando en ese momento dado.

El silencio es un arma de guerra, una estrategia de guerra, es guerrear. Dios mismo se mueve en medio de nuestro silencio, y pelea la batalla por nosotros.

El silencio: llave que abre la puerta a la oración dirigida

No podemos forzar a Dios a que haga algo, pero sí podemos pedírselo en oración. Podemos orar y creer hasta experimentar que la mano de Dios se mueve a nuestro favor. El silencio nos permite escuchar y sentir cómo debemos proceder en la oración.

El silencio es un estado espiritual de tranquilidad en el cual entramos una vez que hemos derramado nuestro corazón ante Dios, sabiendo en lo más recóndito que se nos ha escuchado. La adoración, seguida por una intercesión que fluye hasta un silencio tranquilo forma parte del patrón de la oración celestial. Cuando oramos en el Espíritu Santo entramos en ese patrón celestial, y el Espíritu de Dios lo repite aquí en la tierra.

Cuán glorioso es estar completamente embelesado en el Espíritu Santo al igual que los santos y los ángeles descritos en la Biblia. En este mismo instante los santos que están en los cielos están adorando y alabando a Dios. Nosotros, los que estamos en la tierra, junto con los santos en gloria y los ángeles alrededor del trono, podemos entrar en su adoración espiritual, glorificando a Dios como una única gran nube de testigos.

Esta nube celestial de testigos lo está pasando de maravilla danzando ante el Señor, gritando y alabando su nombre. No esperes hasta asistir a una gran reunión donde se congregue una gran multitud. Alábalo y exáltalo durante tu tiempo de oración con el mismo fervor que lo harías en medio de una gran multitud.

EL SILENCIO: LA LLAVE PARA RECIBIR UNA GUÍA EN EL ESTUDIO BÍBLICO

Lee tu Biblia a solas ante la presencia del Señor. El poder de la Palabra de Dios te motivará a formar una relación más íntima con el Espíritu Santo. Por años he enseñado que resulta crucial utilizar la Palabra de Dios al orar. Cuando estés a solas con el Señor, mantén tu Bibilia abierta. La oración y la lectura bíblicas son inseparables. Lee durante la oración; lee oraciones de la Biblia. Toma las oraciones de los héroes bíblicos y hazlas tuyas.

Junto con tu Biblia, trae a tu tiempo de oración un diario para anotar los pensamientos, sentimientos, oraciones, peticiones y revelaciones proféticas que recibes durante ese tiempo. Hacerlo puede cambiar tu vida. Puede llevarte a comprender tus propios pensamientos y temores según tu mente va siendo renovada por la Palabra de Dios. ¿Anhelas recibir una palabra nueva del Señor para compartir con tu congregación o tu clase de Escuela Dominical? Casi todo mi material de enseñanza ha sido desarrollado utilizando este método de oración. He aprendido a orar hasta recibir del Señor una guía clara de lo que debo enseñar o decir. Cuando he intentado predicar sin oración, encuentro que me cuesta, o que me es imposible, enseñar. Voy ante la presencia del Señor y espero en silencio hasta recibir lo que Él quiere que hable.

Según Dios te dirige en el estudio de la Palabra, te va dando pistas, quizás una palabra o una idea cobra forma en tu espíritu. He aprendido que nunca hay que hacer caso omiso de estas impresiones. Si se trata de una sola palabra, busco su definición. Si es una Escritura, abro la Biblia y la leo. Entonces oro y espero hasta que sienta algo adicional.

Pronto la revelación de la Palabra de Dios comienza a fluir en mi corazón, que se mantiene a la expectativa. De esta manera he aprendido a sacar de las profundidades del río de la sabiduría del Espíritu Santo aquello que necesito.

Mientras esperas, ora, lee y escribe; recibiendo nueva revelación de Dios, encontrarás que tu hombre interior desarrollará cada vez más una sensibilidad a los susurros del Espíritu Santo, y comenzarás a vivir en un fluir continuo de la revelación de Dios.

Cuando hayas aprendido por medio del silencio a permitir que Dios sea tu consejero, descubrirás que el Espíritu Santo te utilizará para aconsejar a los demás. En el momento en que un alma cansada necesite aliento, en tu corazón nacerá una palabra "a tiempo" debido a que has aprendido a guardar silencio ante Dios, y has aprendido a escucharlo y a sacar del río de su sabiduría. Con demasiada frecuencia decimos cosas antes de acallarnos y pensar en lo que vamos a decir. El silencio es de vital importancia debido a que te prepara para escuchar un silbo apacible y delicado, aún Su susurro.

EL SILENCIO: UNA LLAVE QUE LLEVA A LA COMUNICACIÓN CON DIOS

Es en el silencio que el Señor logra que le demos nuestra atención, y cuando callamos nosotros, logramos la suya. Algunas personas piensan que para poder comunicarse tienen que seguir hablando. Sin embargo, la carencia de ruido no necesariamente quiere decir que hay una falta de comunicación. Con Dios no es necesario que hagas ni que digas nada. Él se comunica lo más bien sin tener que usar palabras.

Cuando permaneces callado ante Dios estás diciendo, "Señor, ahora te toca a tí". Es cuestión de cortesía y reverencia. Este es el tipo de comunicación que se manifiesta cuando dos personas se aman profundamente, no dos conocidos que hablan ruidosamente.

El silencio de Dios no es una mera carencia de palabras, sino una comunión profunda con Él por medio de Su Espíritu. Algunos sinónimos de silencio son quietud, calma, paz, callar, secreto y reserva. Otro sinónimo de silencio es menguar. En Juan 3:30 Juan el Bautista dice, "Es necesario que él crezca, pero que yo mengüe". El silencio nos trae a un lugar de quietud, donde nosotros mengüamos para que Él pueda crecer en nosotros. Hay ocasiones en que estamos llenos de nosotros mismos, siempre sintiendo que tenemos que decir algo. Al hablar continuamente nos volvemos el centro de atención. Al mantenernos callados ante Dios, hacemos que Él se vuelva el centro de atención. Mengüamos mediante nuestro silencio.

EL SILENCIO: LA LLAVE DE LA SUMISIÓN

Estar en silencio no significa que uno no habla para que Dios pueda hacerlo. Significa llegar a un lugar de sumisión a Su Palabra, sus caminos, su forma de pensar y su soberanía.

Junto con el silencio comenzamos a comprender a Dios de una manera que resulta imposible describir con palabras; sencillamente es un saber y un ser. Es en el silencio que descubres lo que significa estar quieto y conocerlo a Él con un conocimiento que viene por revelación divina. En el silencio experimentamos lo que el salmista declaró en el Salmo 46:10, "Estad quietos, y conoced que yo soy Dios; Seré exaltado entre las naciones; enaltecido seré en la tierra".

EL SILENCIO: LLAVE DE LA SANIDAD

Dentro del hombre interior de cada creyente existe un río profundo de la presencia de Dios. En ese río del Espíritu de Dios fluye una fuente de sanidad. Conforme aquietamos a nuestra carne, esa fuente de agua viva fluirá en nuestro ser, derramándose sobre nuestra alma con virtud divina. Es por medio de la quietud y del silencio que podemos sustraer los manantiales de sanidad que hay en el Espíritu de Dios.

En la quietud, ante Él, el Sanador, Jehová Rafa toma control. Fluye desde nuestro interior, sanándonos completamente conforme esperamos silenciosos en Su presencia.

Esta sanidad completa se debe a la propiciación, palabra que significa "aplacar la ira de uno, haciéndole favorable y propicio; acción que apacigua la ira de Dios a fin de que su justicia y santidad sean satisfechas y pueda perdonar el pecado. En otras palabras, Dios hace callar, o silencia, toda acusación que se levanta contra nosotros habiendo satisfecho o cancelado nuestra deuda de pecado con la sangre vertida en la cruz. "Y él es la propiciación por nuestros pecados; y no solamente por los nuestros, sino también por los de todo el mundo" (1 Juan 2:2).

EL SILENCIO: LLAVE DEL GOZO INEFABLE

Orar silenciosamente ante el Señor no es algo externo. Esta comunión se expresa mediante una profunda conexión entre tu corazón y el de Dios, entre tu espíritu y el Suyo. Esta es una relación que se comunica de Espíritu a espíritu. Orar en silencio significa escuchar atentamente, comunicación sin palabras. Se trata de una oración profunda que llena el corazón de un gozo inefable, un gozo que llena tu alma de un descanso divino.

EL SILENCIO: LA CLAVE QUE NOS AYUDA A MANTENER LA LENGUA Y LOS PENSAMIENTOS BAJO CONTROL

Enseño mucho sobre los distintos tipos de ayuno y las personas siempre se sorprenden cuando las aliento a un ayuno o a abstenerse de hablar. Ayunamos y le negamos comida al cuerpo, poniéndolo en servidumbre a la voluntad y propósitos de Dios. ¿Por qué no abstenerse de hablar?

El Señor dice que un día daremos cuenta de toda palabra ociosa que hayamos hablado.

En el silencio hay seguridad conforme ponemos guarda a nuestra boca. La mayoría de nosotros tiene la tendencia a terminar las oraciones de las demás antes de que ellos mismos las completen. Hoy en día presto mucha más atención a lo que dicen los demás, pero es un área que tengo que seguir refinando. Tenemos la tendencia a no escuchar a alguien concienzudamente. Anticipamos lo que está por decir en vez de escuchar lo que nos está diciendo su corazón. Cuando estamos en la presencia del Señor es necesario que escuchemos lo que dice Su corazón.

Permanecer en silencio nos ayuda a rendir nuestra lengua al Espíritu Santo y es una autodisciplina. ¿Por qué motivo es que sentimos que siempre tenemos que decir algo? ¿A qué se debe que en nuestras conversaciones siempre estemos pensando en lo próximo que vamos a decir? Permitamos a cambio que Dios sea quien se dirija a nosotros; permitamos que sea Él quien llene nuestra mente con Sus pensamientos.

Cuando realmente te acallas ante Dios, muchas veces nace en tu espíritu una canción de adoración. Mientras más fijamos los ojos en Cristo, más nos callamos y menos pensamos acerca de lo que vamos a hacer o decir después. Luego descubrimos que el Señor consume nuestros pensamientos; sólo podemos pensar en el Señor. El silencio vale oro. El Salmo 62:1 a 2 dice, "En Dios solamente está acallada mi alma; De él viene mi salvación. Él solamente es mi roca y mi salvación; Es mi refugio, no resbalaré mucho".

En el silencio y en la quietud seremos fortalecidos para que no resbalemos, ni nuestros pensamientos estén plagados de temores, ni de nuestra lengua broten perversidades. El silencio resulta clave en ayudarnos a someter nuestros pensamientos y palabras bajo el control del Espíritu Santo.

"Pues aunque andamos en la carne, no militamos según la carne; porque las armas de nuestra milicia no son carnales, sino poderosas en Dios para la destrucción de fortalezas, derribando argumentos y toda altivez que se levanta contra el conocimiento de Dios, y llavando cautivo todo pensamiento a la obediencia a Cristo".

—2 Corintios 10:3 a 6

El silencio nos ayuda a llevar cautivo todo pensamiento a la obediencia a Cristo. Hace huir y callar al enemigo. Es cuando callamos que, a la larga, nuestra mente, con todos sus razonamientos envanecidos argumentos altivos que se levantan contra la voluntad y los prospósitos de Dios, es puesta bajo control. No sólo la Escritura dice que la blanda respuesta quita la ira, mas también dice que hay que ponerse de acuerdo con nuestro adversario pronto. Hay veces en que no es necesario que nos defendamos ni que hagamos nada. Ni siquiera tenemos que decir palabra.

EL SILENCIO: CLAVE DE LA CONTEMPLACIÓN Y LA MEDITACIÓN

"En Dios está mi salvacion y mi gloria; En Dios está mi roca fuerte, y mi refugio. Esperad en él en todo tiempo, oh pueblos; Derramad delante de él vuestro corazón; Dios es nuestro refugio".

—Salmos 62:7 a 8

Escuché que el Espíritu Santo habló estas palabras a mi corazón, "El silencio es el selah de Dios". Permanecer en silencio ante Dios es un tipo de oración contemplativa. Hay muchas personas que tienen miedo de las palabras contemplación y meditación. Practicar el silencio en oración ante el Señor te llevará a remontarte por los cielos y a adentrarte en lo más profundo del corazón de Dios.

Mientras oras en silencio, escucha el silencio mismo. El silencio es un don. En el silencio encontramos poder y también un temor reverente hacia Dios; es un momento para pensar, reevaluar y reflexionar. El silencio es el selah de Dios. Selah es un interludio musical o un intermedio litúrgico. El selah es el silencio musical divino, que hace una pausa en la sinfonía de la vida para que nos detengamos y miremos, escuchemos y nos tomemos un tiempo para pensar acerca de lo interpretado. Hay música en el silencio, y Dios tiene una canción.

EL SILENCIO: CLAVE PARA RENOVAR LAS FUERZAS.

"Cuidado con la aridez que produce una vida demasiado ocupada."

—CITA ANÓNIMA

Llevamos una vida demasiado alocada y ocupada. Cuando nos rodea tanta actividad, a veces es mejor detenernos y aquietarnos. "Escuchadme, costas, y esfuércense los pueblos; acérquense, y entonces hablen; estemos juntamente a juicio" (Isaías 41:1). Como vemos, de hecho, Dios manda a que nos esforcemos por escucharle, y para ello es necesario el silencio. Sólo entonces podremos hablar y recibir su sabiduría y su juicio.

¿Conoce usted alguna persona que es de poco hablar, mas, sin embargo, cuando lo hace, parece que todos le prestan atención? Estas personas siempre están tranquilas; no tienen la necesidad de hablar continuamente. De ellas emana una confianza y fortaleza fundamentadas en la quietud y la paz.

Isaías 65:24 dice, "Y antes que clamen, responderé yo; meintras aún hablan, yo habré oído". Este pasaje bíblico da por sentado que no tenemos que hablar de nuestras necesidades, preocupaciones y temores. En nuestro silencio Dios nos escucha, aún sin que digamos nada. Aún antes de articular palabra, Dios ya está contestándonos. El Señor ya sabe lo que necesitamos. No es necesario que nos afanemos en nuestro corazón luchando por ser escuchados por Dios; Él ya nos escuchó. Sólo nos toca descansar sobre esta promesa maravillosa.

EL SILENCIO: CLAVE DE LA VICTORIA

El silencio es un instrumento de guerra. Cuando el Espíritu de Dios te guía al silencio, el Señor está diciendo: "Es hora de que dejes de luchar y permitas que Yo luche por tí. Sólo acalla tu alma; ve, siéntate. Y me encargo del asunto".

Esa guerra se lucha en el campo espiritual, y la victoria se gana en el silencio. Cuando oramos en silencio aquietamos la fuerza de la carne. Al hacerlo, es el Señor quien se levanta en nuestro interior cual guerrero. Se manifiesta en nosotros la fortaleza de Dios, un poder mucho mayor a lo que nuestra carne pueda alcanzar.

"Ahora, Jericó estaba cerrada, bien cerrada, a causa de los hijos de Israel; nadie entraba ni salía. Mas Jehová dijo a Josué: Mira, yo he entregado en tu mano a Jericó y a su rey, con sus varones de guerra. Rodearéis, pues, la ciudad todos los hombres de guerra, yendo alrededor de la ciudad una vez; y esto haréis durante seis días. Y siete sacerdotes llevarán siete bocinas de cuernos de carnero delante del arca; y al séptimo día daréis siete vueltas a la ciudad, y los sacerdotes tocarán las bocinas. Y cuando toquen prolongadamente el cuerno de carnero, así que oigáis el sonido de la bocina, todo el pueblo gritará a gran voz, y el muro de la ciudad caerá; entonces subirá el pueblo, cada uno derecho hacia adelante...Y Josué mandó al pueblo, diciendo: Vosotros no gritaréis, ni se oirá vuestra voz, ni saldrá palabra de vuestra boca, hasta el día que yo os diga: Gritad; entonces gritaréis."

—Josué 6:1 a 5, 10

Estos versículos son poderosos, pues nos enseñan que hay un tiempo de permanecer en silencio y un tiempo de gritar (ver Eclesiastés 3:6). A veces nos perdemos de escuchar a Dios porque estamos gritando cuando deberíamos guardar silencio, o viceversa. Hay ocasiones en que debemos callar, y en otras gritar. Tenemos que desarrollar una sensibilidad hacia el Espíritu Santo para saber cuál hacer. Josué mandó al pueblo a que de ninguna manera dijeran palabra hasta el tiempo adecuado para poder ganar la batalla. Ellos le obedecieron y fueron victoriosos.

EL SILENCIO: CLAVE DEL SILBO APACIBLE

"Y allí se metió en una cueva, donde pasó la noche. Y vino a él palabra de Jehová, el cual le dijo: ¿Qué haces aquí, Elías? Él respondió: He sentido un vivo celo por Jehová Dios de los ejércitos; porque los hijos de Israel han dejado tu pacto, han derribado tus altares, y han matado a espada a tus profetas: y sólo yo he quedado, y me buscan para quitarme la vida. Él le dijo: Sal fuera, y ponte en el monte delante de Jehová. Y he aquí Jehová que pasaba, y un grande y poderoso viento que rompía los montes, y quebraba las peñas delante de Jehová; pero Jehová no estaba en el viento. Y tras el viento un terremoto; pero Jehová no estaba en el terremoto. Y tras el terremoto un fuego; pero Jehová no estaba en el fuego. Y tras el fuego un silbo apacible y delicado. Y cuando lo oyó Elías, cubrió su rostro con su manto, y salió, y se puso a la puerta de la cueva. Y he aquí vino a él una voz, diciendo: ¿Qué haces aquí, Elías? Él respondió: He sentido un vivo celo por Jehová Dios de los ejércitos; porque los hijos de Israel han dejado tu pacto, han derribado tus altares, y han matado a espada tus profetas; y sólo yo he quedado, y me buscan para quitarme la vida.

—1 Reyes 19:9 a 14

Aunque nadie puede ver al Señor y vivir, Dios se paseó ante Elías mientras el esperaba en silencio dentro de una cueva. Antes de que Dios se apareciera a Elías aparecieron varios portentos: un gran viento, un terremoto y un fuego. Resulta interesante notar que la Biblia dice que el Señor no estaba en ninguna de estas cosas, sino en un "silbo apacible", un lugar muy especial que requiere que permanezcamos en silencio ante Dios. El pueblo de Dios pocas veces frecuenta ese "lugar".

De ninguna manera podremos escuchar el silbo apacible hasta que callemos. Dios nos habla con un silbo apacible. En medio del ruido que nos rodea tenemos que permanecer en silencio ante Dios para lograr escuchar esta, la suave brisa de Su Espíritu. Jamás entraremos a ese lugar en su presencia mientras estemos hablando y nuestras mentes estén llenas de pensamientos egoístas y nuestro corazón repleto de actividad.

EL SILENCIO: CLAVE PARA RECIBIR DIRECCIÓN, CORRECCIÓN E INSTRUCCIÓN

Cuando permanecemos en silencio ante Dios podemos recibir la misma revelación de Su presencia que recibió Elías. Recuerda que Elías estaba siendo perseguido por Jezabel y que estaba rodeado de lucha espiritual y actividad demoníaca. ¿Alguna vez te has sentido perseguido y asediado por el diablo? ¿Como si alrededor tuyo se estuviera librando una ardua batalla espiritual? Es en esos momentos que resulta más importante que nunca guardar silencio ante Dios para recibir claramente sus consejos y su orientación.

Es cuando guardamos silencio que podemos escuchar el silbo apacible de Dios. Acto seguido, Elías recibió orientación.

"Y le dijo Jehová: Ve, vuélvete por tu camino, por el desierto de Damasco; y llegarás, y ungirás a Hazael por rey de Siria. A Jehú hijo de Nimsi, ungirás por rey sobre Israel; y a Eliseo hijo de Safat, de Abel-mehola, ungirás para que sea profeta en tu lugar. Y el que escapare de la espada de Hazael, Jehú lo matará; y el que escapare de la espada de Jehú, Eliseo lo matará."

—1 Reyes 19:15 a 17

Luego de este tiempo de silencio Elías escuchó el silbo apacible de la voz de Dios y recibió instrucciones sobre su próxima misión. Es lo que Dios desea hacer también por nosotros; darnos instrucciones sobre nuestra próxima misión.

"Y yo haré que queden en Israel siete mil, cuyas rodillas que no se doblaron ante Baal, y cuyas bocas no lo besaron. Partiendo él de allí, halló á Eliseo hijo de Safat, que araba con doce yuntas delante de sí; y él tenía la última. Y pasando Elías por delante de él, echó sobre él su manto. Entonces dejando él los bueyes, vino corriendo en pos de Elías, y dijo: Te ruego que me dejes besar a mi padre y a mi madre, y luego te seguiré. Y él le dijo: Ve, vuelve: ¿qué te he hecho yo? Y se volvió, y tomó un par de bueyes, y los mató, y con el arado de los bueyes coció la carne, y la dio al pueblo para que comiesen. Después se levantó y fue tras Elías, y le servía."

—1 Reyes 19:18 a 21

En medio de la lucha espiritual el diablo ha logrado aislar a Elías, haciéndole sentirse solo y abandonado. Se desesperó su alma y desde las tinieblas de la batalla contra la brujería Elías clamó, "Yo solo he quedado". El diablo casi lo había derrotado, mas cuando se acercó al Señor mediante el silencio, Dios le abrió los ojos y quebrantó el poder de las mentiras que habían entenebrecido su entendimiento. Dios le recordó a Elías que no estaba solo; quedaban siete mil que no se habían doblado ante la opresión demoníaca que buscaba esclavizar al pueblo de Dios.

Si te tomas un tiempo para buscar a Dios en silencio, aún en el medio de las luchas más difíciles, no solo el Señor te dará orientación, sino que te hará recordar que Él está encargado de todo. Una de las características de tener una relación íntima con Dios es que uno descansa y tiene paz debido a que se da cuenta de que es Dios quien pelea por uno.

A raíz de esa brisa suave hubo orientación, aliento, fortaleza y descanso. Recibió además Elías corrección. El Señor tiernamente le recordó que no era el único "mandamás". Esto es lo que logra el silencio, te pondrá en tu lugar para que veas cuán pequeño eres a la luz de cuán grande es Dios, y que Él lo tiene todo bajo su control.

EL SILENCIO: CLAVE PARA RECIBIR EL LLAMADO AL MINISTERIO

Cuando apareció Dios, Elías recibió las instrucciones para su próxima misión. Es posible que Dios aún te muestre quién ha de reemplazarte. ¿A quién le pasarás tu manto?

El manto simbolizaba la unción de Elías. Este tipo de encuentro con Dios te fortalece para que salgas a impartirles a los demás lo que Dios te ha dado. Luego de pasar un tiempo en silencio esperando ante el Señor es que estás equipado para pasar a la impartición. Es eso lo que hizo Elías y de eso se trata el ministerio.

EL SILENCIO: CLAVE DE LA UNCIÓN

Elías buscó del Señor cuando se sentía solo. En su corazón estaba convencido de que era el único que no se había inclinado ante Baal. Cuando le dijo a Dios cuán sólo se sentía, el Señor lo mantuvo a solas por un tiempo adicional hasta que en su vida se produjo un gran cambio.

En realidad nunca estamos solos cuando el Señor está con nosotros. Esta es una poderosa verdad que Elías tuvo que volver a repasar. Es sólamente en lo profundo de Dios que te das cuenta de que no está solo. Dios conoce todas tus necesidades. En oración Dios le mostró a Elías que había siete mil que no se habían inclinado ante Baal. A partir de tan alentadoras noticias Dios le dio a Eliseo para que viajara con él y le ministrara. En la profundidad de la presencia de Dios, el Señor suplió las necesidades espirituales, emocionales y físicas de Elías.

EL SILENCIO: CLAVE QUE HACE QUE DIOS SE LEVANTE

"Canta y alégrate, hija de Sion; porque he aquí vengo, y moraré en medio de tí, ha dicho Jehová. Y se unirán muchas naciones a Jehová en aquel día, y me serán por pueblo, y moraré en medio de tí; y entonces conocerás que Jehová de los ejércitos me ha enviado a tí. Y Jehová poseerá a Judá su heredad en la tierra santa, y escogerá aún a Jerusalén. Calle toda carne delante de Jehová; porque él se ha levantado de su santa morada."

—ZACARÍAS 2:10 A 13

Estos poderosos versículos hacen alusión a que el favor de

Dios viene sobre su pueblo. Le advierte a toda carne que debe callar ante el Señor por que Él se ha levantado de su santa morada. Cuando nos callamos, Dios se levanta. Cuando guardamos silencio ante el Señor se mueve de su santa morada y obra portentos a nuestro favor.

Cuando un intercesor se postra para orar, Dios se levanta para moverse a favor suyo. Cuando paramos de hablar y de hacer, nace en nosotros una expectativa santa en Dios (Salmos 62:5). Entonces Dios se levanta de su santa morada; comienza a obrar a nuestro favor con poder.

¿Cuál es el motivo por el cual pensamos que siempre tenemos que estar haciendo algo? ¿Que somos responsables de hacerlo todo? Al contrario. Hay ocasiones en las cuales no nos toca hacer nada. A veces la estrategia de Dios para nosotros es quedarnos callados y quietos, confiando plenamente en su habilidad para quitar todo monte.

EL SILENCIO: CLAVE PARA LUCHAR CONTRA LA ACUSACIÓN

"Los que prendieron a Jesús le llevaron al sumo sacerdote Caifás, adonde estaban reunidos los escribas y los ancianos. Mas Pedro le seguía de lejos hasta el patio del sumo sacerdote; y entrando, se sentó con los alguaciles, para ver el fin. Y los principales sacerdotes y los ancianos y todo el concilio, buscaban falso testimonio contra Jesús, para entregarle a la muerte, y no lo hallaron, aunque muchos testigos falsos se presentaban. Pero al fin vinieron dos testigos falsos, que dijeron: Este dijo: Puedo derribar el templo de Dios, y en tres días reedificarlo. Y levantándose el sumo sacerdote, le dijo: ¿No respondes nada? ¿Qué testifican éstos contra tí? Mas Jesús callaba. Entonces el sumo sacerdote le dijo: Te conjuro por el Dios viviente, que nos digas si eres tú el Cristo, el Hijo de Dios. Jesús le dijo: Tú lo has dicho; y además os digo, que desde ahora veréis al Hijo del Hombre sentado a la diestra del poder de Dios, y viniendo en las nubes del cielo. Entonces el sumo sacerdote rasgó sus vestiduras, diciendo: ¡Ha blasfemado! ¿Qué más necesidad tenemos de testigos? He aquí, ahora mismo habéis oído su blasfemia. ¿Qué os parece? Y respondiendo ellos, dijeron: ¡Es reo de muerte!"

—MATEO 26:57 A 66

Cuando Jesús se enfrentó ante los que lo acusaban, permaneció callado. Cuando habló no dio excusas ni se defendió. ¿Alguna vez te has preguntado por qué calló? Gozaba de tanta sabiduría; ¿por qué no respondió a sus acusaciones? Porque el Dios Padre era su defensor.

La estrategia de Jesús ante Pilato, los principales de entre los sacerdotes y los ancianos fue la de permanecer callado. Hay veces en que nos conviene hacer otro tanto. Cuando los demás te señalan con el dedo, acusándote, respóndeles con el silencio.

Hay gran fortaleza en ello. Cuando te reúsas a defenderte a tí mismo, Dios se levantará para defenderte.

Hay momentos en que, no importa qué defensa puedas presentar, ninguna te ayudará contra el poder de las acusaciones de Satanás. El hombre natural siempre tiende a creer primero lo malo o lo negativo. Mas Dios moverá cielo y tierra para defenderte contra las acusaciones del diablo. En esos momentos es difícil permanecer callado, pero Jesús demostró que hacerlo es un arma poderosa contra el enemigo de nuestra alma.

EL SILENCIO: CLAVE DE LA SABIDURÍA Y EL ENTENDIMIENTO

"Además respondió Jehová a Job, y dijo: ¿Es sabiduría contender con el Omnipotente: Él que disputa con Dios, responda a esto. Entonces respondió Job a Jehová, y dijo: He aquí que yo soy vil; ¿qué te responderé?"

—JOB 40:1 A 4

Esto es lo que sucede cuando nos callamos y habla Dios: Nos volvemos viles ante nuestros propios ojos. Esto revela un perfeccionamiento de nuestro entendimiento. Al lado de Dios no somos nada; sólo Él lo es todo. Cuando todo lo que había que decir y hacer se ha cumplido, no hay nada más que podamos añadir.

En un momento dado Job se dio cuenta de que no tenía nada para decir. Había hablado él, luego sus amigos, y finalmente Dios. Cuando Él habla, callamos. Nuestro silencio indica, "Está bien, Dios; tú eres soberano. Yo no soy nadie al lado tuyo".

Entonces desde el torbellino Dios le resonde a Job diciéndole: "Una vez hablé, mas no responderé; Aun dos veces, mas no volveré á hablar. Respondió Jehová a Job desde el torbellino, y dijo: Cíñete ahora como varón tus lomos; Yo te preguntaré, y tú me responderás. ¿Invalidarás tú también mi juicio? ¿Me condenarás a mí, para justificarte tú? ¿Tienes tú un brazo como el de Dios? ¿Y truenas con voz como la suya? Adórnate ahora de majestad y de alteza, Y vístete de honra y de hermosura. Derrama el ardor de tu ira; Mira a todo altivo, y abátelo. Mira á todo soberbio, y humíllalo, Y quebranta a los impíos en su asiento.

Encúbrelos a todos en el polvo, Encierra sus rostros en la oscuridad; Y yo también te confesaré Que podrá salvarte tu diestra."

—JOB 40:5 A 14

Es en el silencio que reconocemos quién es Dios y quiénes no somos nosotros. En el momento en que nos damos cuenta de ello es que nace en nuestro corazón la verdadera sabiduría. El silencio es el comienzo de la sabiduría y del entendimiento.

"Respondió Job a Jehová, y dijo: Yo conozco que todo lo puedes, Y que no hay pensamiento que se esconda de tí. ¿Quién es el que oscurece el consejo sin entendimiento? Por tanto, yo hablaba lo que no entendía; Cosas demasiado maravillosas para mí, que yo no comprendía. Oye te ruego, y hablaré; Te preguntaré, y tú me enseñarás. De oídas te había oído; Mas ahora mis ojos te ven. Por tanto me aborrezco, y me arrepiento en polvo y ceniza."

—JOB 42:1 A 6

En silencio el corazón de Job se volvió sabio. En el silencio Job vio a Dios. Una y otra vez vemos en la Biblia que cuando entramos ante la presencia del señor y callamos la carne, nos es abierta una puerta de revelación. Es en el silencio que realmente somos libre, donde dejamos de enfocarnos en nosotros mismos y, por vez primera, percibimos realmente a Dios.

PARTE 111

EL PROPÓSITO

"Pero su fama se extendió más y más; y se reunía mucha gente para oírle, y para que les sanase de sus enfermedades. Mas él se apartaba a los lugares desiertos, y oraba.

—Lucas 5:15 a 16

7

Cita con el Amado

Jesús tenía por costumbre salir a predicar y a enseñar, incansablemente cumpliendo con la obra que Dios le había confiado. Sin embargo, a pesar de todas las presiones que lo rodeaban, con frecuencia se marchaba desapercibido para buscar un lugar para estar a solas con Dios. Considero que éste era el secreto de su relación íntima con el Padre. Es el secreto que puede ayudarnos a nosotros también.

ESCABULLIRSE PARA ORAR

Es importante encerrarse con el Señor, pasar horas y días en que nos comprometemos a buscarlo ininterrumpidamente. A estos periodos de tiempo los llamo citas especiales con Jesús.

Una cita significa "señalamiento, asignación de día, hora y lugar para verse y hablarse dos o más personas". Mediante la gracia del Señor, en este capítulo deseo motivarte para que te presentes ante el Señor, con frecuencia escabulléndote a citas especiales, tiempos especiales de comunión con tu Esposo celestial.

CITA EN UNA PEQUEÑA CABAÑA
LOCALIZADA EN UN BRAZO DE MAR

Acabo de regresar luego de haber pasado tres días en Barnam Point. Durante mi estadía descansé, dormí, caminé y disfruté de la creación de Dios. La mayoría del tiempo la dediqué a orar, postrada en el piso, ayunando, escuchando, leyendo, esperando en Dios, y aún luchando con Él. Sentada en el pórtico de la entrada, esperando calladamente, podía oír el sonido que hacían los peces cuando saltaban fuera del agua, y de los pájaros que se zambullían y rozaban la superficie del agua en búsqueda de su cena. Una noche un búho inmenso voló y se posó en el borde del techo para descansar. Me deleitó verlo allí. Vi también otros animales salvajes.

Lo que fuera que Dios quisiera realizar en mí en ese lugar se había cumplido, y ahora estaba segura de que era hora de ir a la pequeña cabaña en el brazo de mar, localizado en la parte occidental de la Isla Camano, en el estado de Washington, Estados Unidos. Sentía que era Dios quien cambiaba el lugar de nuestra cita. Me hacía saber dónde ir, cuándo quedarme y por cuánto tiempo. Rodeada por los más espectaculares ocasos y por árboles gigantescos, parecía estar en medio de un santuario, y me reunía con Jesús. Sentía que la lucha había terminado. Suspiré aliviada y descansé.

UN LUGAR PARA LA REFLEXIÓN

La Biblia menciona que debemos presentarnos ante el Señor, apartándonos para reunirnos con Él. Un sinónimo de cita es "llamada, convocatoria". En francés la palabra para cita es *rendezvous*, que quiere decir "presentarse uno mismo". Cuando te encuentras con tu Esposo celestial, te presentas ante Él, esperando plenamente que Él también se encuentre allí contigo. La palabra *rendezvous* se deriva del francés *rendre*, que quiere decir "entregar". Cuando tienes una cita o un *rendezvous*, haces entrega de tí mismo a otra persona. Cuando tienes un *rendezvous* con tu Esposo celestial, te entregas completamente a Él.

UN LUGAR DE PREPARACIÓN PARA VOLVERNOS PESCADORES DE HOMBRES

Rendezvous también puede significar "un lugar de enlace con otro buque en el mar", a veces para transferir la pesca. Somos llamados a ser pescadores de hombres (ver Mateo 4:19; Marcos 1:17). Resulta interesante que los discípulos también se encontraron con Jesús a la orilla del mar. Este encuentro con Jesús fue lo que los preparó para convertirlos en pescadores de hombres, al igual que nuestros encuentros con Jesús cumplen el mismo propósito. Al igual que los barcos pesqueros cuando enlazan en el mar con otras naves, el Señor confía en nosotros para que transfiramos a otros nuestra pesca de almas para que crezcan y se desarrollen.

Un lugar donde nos podemos esconder detrás de la nube de la presencia de Dios

Un *rendezvous* con Jesús es también un tiempo apartado para retiro y refugio. Durante los tiempos de guerra es común que las naves tengan un encuentro de enlace en el mar para mobilizar las fuerzas y planificar estratagemas con los barcos señuelo como flota adicional. Refugiarnos cumple un propósito, el de crear un señuelo que tome inadvertido al enemigo. Una poderosa herramienta en la guerra espiritual es la de entrar en el lugar secreto de la presencia de Dios, retirándose uno para recibir las órdenes divinas. También sirve para desarmar al enemigo. Satanás intenta hacernos creer que no estamos cumpliendo con nuestra labor cuando tomamos un retiro. Sin embargo, la retirada forma parte primordial de nuestra labor y no debemos descuidarla.

Cuando siempre estamos ocupadios corriendo de un lugar a otro podemos ser engañados. Con frecuencia si estamos demasiado ocupados con actividades pero no somos eficaces en cumplir con los propósitos de Dios. Sentimos como si estuviéramos logrando mucho, mas a veces el enemigo nos observa y se fija en que estamos agotados.

El *rendezvous* es la 'cortina de humo' que Dios utiliza, su nube, tras la cual nos escondemos. Cuando pasamos un tiempo a solas con Dios resultamos más eficaces en la batalla. Dios busca calidad, no siempre cantidad, en aquello que producimos en nuestra vida. Es el enemigo de nuestra alma quien nos impulsa para que cada vez tengamos mayores responsabilidades a nuestro cargo, exigiéndonos de manera constante mientras nos roba las fuerzas con la carga de muchas preocupaciones.

El yugo que el Señor nos da es fácil (ver Mateo 11:28 a 30). Cuando entramos en la presencia de Dios, le estamos entregando nuestras cargas. Ya no las llevamos solos, y así descubrimos la bendita fuerza de los hombres divinos que levantan el peso de nuestra carga.

UN LUGAR PARA MOBILIZAR LAS FUERZAS DE DIOS

La milicia utiliza los momentos de retirada para mobilizar las fuerzas. Tener un encuentro con el Señor y reunirnos con dos o tres hermanos o hermanas para buscar de Dios en oración también cumple este propósito.

Tener este tipo de encuentro grupal con el Señor es necesario antes de comenzar cada nuevo ministerio, cada nueva obra dentro del ministerio, de construcción y de cada cambio en tu ministerio y tu carrera.

¿Cuántas veces hemos descubierto al mirar atrás que tomamos por una senda equivocada o que no habíamos recibido completamente la estrategia de Dios para lanzar una nueva obra en nuestro ministerio? Fijar un tiempo para apartarnos con el propósito de orar y de buscar a Dios también une los corazones. Hacerlo puede guarantizar la unidad en el futuro, cuando más tarde vengan ataques y el Satanás intente dividir y destruir lo que Dios está intentando hacer a través tuyo. Hay veces en que el enemigo piensa que nos estamos escondiendo de el cuando, en realidad, nos estamos mobilizando con los que se nos han unido.

UN LUGAR DE REFRIGERIO

El tiempo de encuentro es para escuchar, recibir nuevas órdenes y reabastecernos. Entramos al lugar secreto con Jesús para percibir lo que hay en su mente y corazón. En vez de agotarnos para intentar cumplir con la obra que se nos ha confiado, comenzamos a operar en calidad de sacerdotes. Es en el encuentro que el Espíritu Santo nos prepara y nos da mayor discernimiento para el futuro.

UN LUGAR DE DESCANSO

¿Cuándo fue la última vez que tuviste un *rendezvous*, un encuentro, con Dios? Aún en el mundo empresarial sabemos que es importante tomar descansos. Una de las estrategias que usa el enemigo es agotar a los santos (ver Efesios 6:11). Él sabe cuándo estamos exhaustos. Realmente le sorprendería si rompiéramos con ese patrón de actividad continua apartando un tiempo para tener un encuentro a solas con el Señor.

Muchas veces tememos dejar a un lado el ministerio y las responsabilidades en la iglesia. Gran cantidad de pastores tienen miedo de dejar las iglesias más de una semana. Temen regresar y encontrar que la iglesia se ha dividido o que alguien les ha quitado el lugar. Podrían encontrarse con que alguien haya usurpado su autoridad o que los buenos diezmadores han abandonado la iglesia. Aquellos ministros que tienen demasiado temor como para ir a reunirse con el Señor pierden la oportunidad de gozar de aún más poder, algo que el enemigo odia sobre todas las cosas. No en balde el diablo hace todo cuanto puede para que sigamos ansiosos y ocupados. Tememos que si osamos detenernos, la actividad productiva cesará. Tenemos miedo de que las cosas se atrasen tanto que nunca lograríamos ponernos al día.

Las cosas se van a atrasar de todos modos, pero Dios sigue reinando desde su trono, y será Él quien nos ayude a llevar a cabo las cosas necesarias. Él nos facultará sobrenaturalmente para que seamos eficientes con el tiempo que tenemos. Además nos traerá refuerzos, otros de confianza que nos apoyen, y los facultará también a ellos para cumplir con la tarea que sea necesaria.

UN LUGAR PARA SER REABASTECIDO

El *rendezvous* también es un lugar donde los barcos vienen a reabastecerse. Es en el encuentro que encontramos reabastecimiento. ¿Dónde iba Jesús cuando necesitaba cobrar nuevas fuerzas? Se reunía con el Padre.

> "Levantándose muy de mañana, siendo aun muy oscuro, salió y se fué a un lugar desierto, y allí oraba. Y le buscó Simón, y los que con él estaban; y hallándole, le dijeron: Todos te buscan. Él les dijo: Vamos a los lugares vecinos, para que predique también allí; porque para esto he venido. Y predicaba en las sinagogas de ellos en toda Galilea, y echaba fuera los demonios."
> —MARCOS 1:35 A 39

A través de su ministerio, Jesús viajó, sanó, liberó, predicó, y sin embargo apartaba un tiempo temprano en la mañana para tener un encuentro con el Padre. Sabía que debía presentarse ante el Padre antes y después de los eventos ocurridos en su ministerio.

"Y los apóstoles se juntaron con Jesús, y le contaron todo lo que habían hecho, y lo que habían enseñado. Y él les dijo: Venid vosotros aparte a un lugar desierto, y descansad un poco. Porque eran muchos los que iban y venían, de manera que ni aun tenían tiempo para comer. Y se fueron solos en una barca a un lugar desierto."

—MARCOS 6:30 A 32

Estaban tan atareados que ni siquiera tenían tiempo para comer. En el primer capítulo de Marcos Jesús iba solo, pero después los discípulos lo buscaron. En el capítulo seis de Marcos se dirigió a un lugar en el desierto, pero esta vez iba acompañado de sus discípulos. Llevó a unos pocos, los de su grupo íntimo. Pero estaban tan ocupados que ni siquiera les quedaba tiempo para comer.

UN LUGAR PARA SER FACULTADO

Mas él se apartaba a lugares desiertos, y oraba.

—LUCAS 5:16

¿Estamos recibiendo de Él cantidad suficiente de lo que necesitamos para ser eficaces cuando salimos? Una de las claves para tener un encuentro con el Padre es ir a un lugar solitario. Jesús pasó tiempo a solas con sus discípulos, mas es probable que con frecuencia se apartaba por sí solo a lugares desérticos para orar. Durante el día Jesús continuamente derramaba su fuerza y liberaba sobre las multitudes el poder de Dios. Tocaba los cuerpos enfermos con la unción de la presencia de Dios, echaba fuera demonios con la fuerza de una unción santa y luchaba contra los ataques de sus enemigos con una sabiduría que provenía directamente del cielo. Como hombre, ¿dónde encontraba las fuerzas? Su secreto estaba en siempre apartar un tiempo para estar a solas con Su Padre.

UN LUGAR DE SABIDURÍA

En aquellos días él fue al monte a orar, y pasó la noche orando a Dios. Y cuando era de día, llamó a sus discípulos, y escogió a doce de ellos, a los cuales también llamó apóstoles.

—LUCAS 6:12 A 13

Aunque durante el día Jesús se lo pasaba ministrando a las personas, parece que también sentía gran necesidad de reunirse con el Padre para recibir de Él sabiduría.

Cuando los que lo perseguían lo acosaban con gran furia, ¿cómo es que siempre tenía una respuesta llena de sabiduría, gracia y paz? Reaccionaba ante la necedad del mundo con la gracia del cielo.

¿Y qué de nosotros? Hay veces que las personas nos acusan o hablan contra nosotros. A veces rodean nuestra vida y nos desgastan, sacándonos todo lo que tenemos dentro. Dios nos dice que nos apartemos por unas horas. Ve a la montaña y ora; pásate la noche entera a solas orándole a Dios.

UN LUGAR DE AMOR COMPROBADO

¿Amas a Jesús lo suficiente como para pasar con Él un tiempo significativo? Con frecuencia pensamos que probamos que amamos a Cristo porque pasamos tiempo con las multitudes. Pero si lo amamos tanto, deberíamos desear pasar tiempo con Él. ¿Amas tanto a Cristo que te resulta irresistible alejarte de la multitud, aún cuando impera la necesidad? Llega el momento en que evangelizar, sanar y capacitar a las personas ya no es de bendición para Dios. Hay ocasiones en que ni siquiera te bendice a tí ni es de bendición para aquellos a quienes estás "ministrando". ¿Es esta la clase de ministerio que complace a Dios?

Falta el otro aspecto de nuestro ministerio: ministrarle a Él. Buscar tener un encuentro con Jesús equivale a decirle que lo amamos por sobre todas las cosas. ¿Estamos dispuestos a escuchar lo que Él tiene que decir, en vez de lo que dicen los demás? ¿Estamos dispuestos a pasar tiempo con Él, más que con cualquier persona o cosa?

¿Es Él nuestro primer amor? (Apocalipsis 2:4). ¿Deseamos que Él sea nuestra prioridad? ¿Lo hemos dejado todo por seguirlo a Él?

UN LUGAR DE VIGILANCIA

Estoy sentada frente por frente a una base marina que está ubicada del otro lado de la bahía. Continuamente oigo los aviones que pasan por encima, seguidos de un hermoso silencio. Luego de oir el silencio, oigo de nuevo los aviones. Creo que Dios está intentando darme a entender algo con esto. Siempre hay que mantenerse alerta. Tanto en el silencio como en el ruido, el guardia debe mantener la vigilancia. Prepárate, no sea que te tomen desprevenido.

> "Mas el fin de todas las cosas se acerca; sed, pues, sobrios, y velad en oración."
>
> —1 PEDRO 4:7

Creo que Dios está llamando a un nuevo tipo de guerrero en la oración, que tenga mayor sensibilidad al Espíritu Santo.

Estos nuevos guerreros derivan su poder de estas armas: el amor de Dios y Su Palabras. Tienen un mayor discernimiento de espíritus y obran con prudencia, sabiduría y tacto.

En un noticiero un general de la Marina de los Estados Unidos indicó que nuestra milicia tiene a su disposición una nueva generación de armas bélicas que logran dar en el blanco con mayor precisión que nunca antes. El encuentro es una de las mejores estrategias que ayudará a dar paso a una nueva generación de guerreros que utilizará con mayor precisión las armas del Espíritu Santo (ver 2 Corintios 10:3 a 4; Efesios 6:10 a 20).

UN LUGAR DE PREPARACIÓN PARA LA GLORIA

Esta noche el paisaje del canal *Puget Sound* y el Pasaje de Saratoga resulta espectacular. Es alrededor de las 8:10 p.m. y sentada, observo la caída del sol. Mi corazón rebosa de agradecimiento para con Dios por haber creado tanta belleza. Un día tendremos el encuentro más maravilloso de todos cuando nos reunamos con el Señor en las nubes. ¿Cuándo fue la última vez que pensaste en la gloriosa venida del Señor? Los encuentros que tenemos ahora mientras estamos en esta tierra sólo sirven para prepararnos para el encuentro mayor que un día tendremos en el cielo.

Ya se ha escondido el sol y el cielo es color sangre, lo que me lleva a meditar sobre diversas escrituras. La Biblia habla de la venida gloriosa del Señor.

E inmediatamente después de la tribulación de aquellos días, el sol se oscurecerá, y la luna no dará su resplandor, y las estrellas caerán del cielo, y las potencias de los cielos serán conmovidas. Entonces aparecerá la señal del Hijo del Hombre en el cielo; y entonces lamentarán todas las tribus de la tierra, y verán al Hijo del Hombre viniendo sobre las nubes del cielo, con poder y gran gloria. Y enviará sus ángeles con gran voz de trompeta, y juntarán a sus escogidos de los cuatro vientos, desde un extremo del cielo hasta el otro

—Mateo 24:29 a 31

Creo que el Señor me permitió ver el el rojizo atardecer del cielo para que pensara acerca de la Segunda Venida de Cristo. Tenemos que estar preparados y esperando Su venida. ¿Para cuándo debemos esperarlo? Con cada encuentro crece en nuestro corazón el deseo de verle, aumenta en nosotros la expectativa; nos ayuda a prepararnos para Su venida, a despertar en nosotros la fe necesaria para creer que regresa pronto.

Sin embargo nadie sabe el día ni la hora. El cielo color sangre que ví esta noche hace que su venida parezca inminente. La esposa se está preparando, deshaciéndose de toda mancha, y tendrá un encuentro con el Señor en el cielo.

Y el Espíritu y la Esposa dicen: Ven. Y el que oye, diga: Ven. Y el que tiene sed, venga: y el que quiera, tome del agua de la vida gratuitamente.

—Apocalipsis 22:17

UN LUGAR DE SANTIFICACIÓN

Veo que existe otra razón por la cual resulta tan crítico tener un encuentro ahora, antes del gran encuentro en los cielos. En 1 Tesalonicenses 5:23 dice, Y el mismo Dios de paz os santifique por completo; y todo vuestro ser, espíritu y alma y cuerpo, sea guardado irreprensible para la venida de nuestro Señor Jesucristo.

Somos la esposa de Cristo, preparándonos para la pronta venida del Esposo. ¿Cómo nos preparamos? Somos santificados. El sentido bíblico de ser santificado "apartar". Al apartar un tiempo para estar con Él, nos estamos apartando para Él. Nos separamos del corre corre diario y nos apartamos sólo para Él. Desde que llegué aquí, a la isla Camano, me he encontrado con algunas personas que opinan que han vivido anteriormente en otra vida. En 1 Juan dice, "Y ahora, hijitos, permaneced en él; para que cuando se manifieste, tengamos confianza, para que en su venida no nos alejemos de él avergonzados".

Esta es la única vida que tenemos aquí en la tierra, y la próxima nos llevará a la eternidad. Hebreos 9:27 dice, "Y de la manera que está establecido para los hombres que mueran una sola vez, y después de esto el juicio..."

En el cielo nos espera una gran multitud, que nos alienta y nos espera hasta que nos unamos a ella (Hebreos 12:1 a 2). Él que goza de una relación íntima con el Señor desea estar con Jesús y anticipa ansiosamente el día en que su unirá a esa gran multitud.

PLANIFICAR EL ENCUENTRO

Para tener un encuentro, hay que planificarlo, fijando de antemano el lugar y la hora. Quizás decidas irte a alguna parte. O este retiro personal sencillamente pude ser un tiempo a solas en tu casa cuando trabas la puerta, cierras las cortinas, apagas el teléfono y el televisor y haces de cuenta que no estás allí.

Puedes fijar un tiempo, por ejemplo, una hora, un día o un fin de semana. Decide qué esperas sacar de este tiempo que pasarás con el Señor. Debería tener un propósito significativo.

ESCOJE EL LUGAR QUE MEJOR TE CONVENGA

Eres un ser único. Lo que te es de bendición puede no serlo para otro. Tu encuentro será único debido a que tú eres tú. Quizás prefieras estar sobre la playa, o subir a las montañas para dedicarle un tiempo a Dios. Con frecuencia pienso en cómo Adán y Eva se paseaban con el Señor, cuando refrescaba al atardecer. Sólo imagínate la sombra maravillosa que venía de esos árboles luego de un arduo día de trabajo. Me encanta caminar por los senderos de los bosques, escuchando cómo sopla el viento por entre los árboles. ¿Sabías que Dios a veces nos habla por medio de un susurro o un silbido?

ESTAR A SOLAS

Sentirse que uno está escondido, y que nadie sabe dónde estás, tiene un cierto atractivo. Es como estar camuflado, ¿no es verdad? Hoy en día no hay nada secreto ni sagrado: todo el mundo se entromete en tus asuntos y quiere saber todo lo que estás haciendo y cada lugar adonde vas.

Es bueno compartir nuestra vida con otras personas, pero a veces tenemos la necesidad de ir a un lugar donde nadie puede encontrarnos. Cuando planifico un encuentro especial, sólo los que me son allegados saben dónde estoy.

CORTAR CON LA COMUNICACIÓN

Muchas veces se les hace difícil a aquellos que están en el ministerio alejarse de los teléfonos. Para uno alejarse de teléfonos, facsímiles y correo electrónico hay que planificar bien las cosas. De hecho, hay veces que sentimos que es necesario que llevemos con nosotros el teléfono y ¡hasta la computadora!

¿Qué es lo peor que podría ocurrir si no llega a funcionar el teléfono? Podría ser una bendición. De hecho, mientras escribo esta parte del libro me encuentro en una cabaña que no tiene teléfono. Te aliento a que encuentres un lugar al cual puedas ir donde no haya teléfono. ¡Busca una cabaña o un campamento, o una tienda de campaña!

Si no puedes esconderte en tu casa, busca un lugar donde puedas hacerlo. No te hará daño. Al contrario, te hará mucho bien. Prepárate para sentirte victorioso cuando salgas del lugar secreto.

IR ACOMPAÑADO POR UN COMPAÑERO DE ORACIÓN

Recomiendo que vayan entre dos o tres. Hay momentos en que necesitas tener alguien con quién hablar. Pero ora para que Dios te de el tiempo y la persona perfectos para ello. Resulta crucial que para este tipo de encuentro o *rendezvous* el Señor sea quien escoja el compañero o compañera de oración.

Permítete hacer a un lado el trabajo. Abre tu mente a una nueva revelación por parte de Dios. Este tiempo debe dedicarse para limpiar, fortalecer y aclarar tus pensamientos para recibir lo que Dios tiene para tí.

TRAE UNA BIBLIA Y UN DIARIO PERSONAL

Quizás quieras llevarte algunos materiales devocionales y algunos libros que hace mucho que quieres leer. Saca la Palabra de Dios y no sólo estúdiala, sino léela, como una carta de amor del Señor para tí. Las cartas de amor son algo maravilloso. Algunas personas por años guardan en cajas las cartas especiales que han ido recibiendo. Luego de pasado un tiempo las sacan o las vuelven a leer para sentir aliento, ayudarse a recordar o volver a vivir la experiencia.

La Biblia es una carta de amor del Señor para nosotros, y es necesario sacarla de la 'caja'. Léela como no lo has hecho por mucho tiempo, o quizás como nunca antes. Dile al Señor, "Qué es lo que quieres decirme hoy?" Saborea Su Palabra; gózate en ella como si estuvieras leyendo la más maravillosa novela sobre una historia de amor. Lee la Biblia como un libro lleno de poderosos testimonios. Léela como un libro lleno de aventuras. Descubre nuevas cosas acerca de la historia, y permite que los misterios que provienen del corazón y de la mente de Dios vayan desplegándose en una nueva revelación. Toma apuntes. Escribe en tu diario personal. Mantén la mente abierta a lo que sea que el Señor quiera enseñarte.

La Biblia es el mejor de todos los libros; te cambia la vida y alimenta tu alma (Salmos 119:103). Rompe con tus antiguas formas de pensar, rompe el molde. ¡Levántate y ven con tu Amado!

> "Porque la palabra de Dios es viva y eficaz, y más cortante que toda espada de dos filos; y penetra hasta partir el alma y el espíritu, y las coyunturas y los tuétanos, y discierne los pensamientos y las intenciones del corazón. Y no hay cosa creada que no sea manifiesta en su presencia; antes bien todas las cosas están desnudas y abiertas a los ojos de aquel a quien tenemos que dar cuenta. Por tanto, teniendo un gran sumo sacerdote, que traspasó los cielos, Jesús el Hijo de Dios, retengamos nuestra profesión. Porque no tenemos un sumo sacerdote que no pueda compadecerse de nuestras debilidades; sino que fue tentado en todo según nuestra semejanza, pero sin pecado. Acerquémonos, pues, confiadamente al trono de la gracia, para alcanzar misericordia y hallar gracia para el oportuno socorro.
> —HEBREOS 4: 12 A 16

Este puede ser un tiempo especial, secreto, de intriga y lleno de sorpresas. Es un tiempo para descubrir cosas nuevas y renovar la curiosidad por conocer la Palabra de Dios; cuando sólo Dios te ve, a menos que estés acompañado de algún amigo. Este es tu momento especial, cuando te revelas tal como eres, ante un público compuesto de una sola persona: Jesús.

"Así que, hermanos, os ruego por las misericordias de Dios, que presentéis vuestros cuerpos en sacrificio vivo, santo, agradable a Dios, que es vuestro culto racional."

—ROMANOS 12:1

8

Lecciones aprendidas de alguien consagrado

Vivir una vida de intimidad con Dios significa mayor consagración y devoción más profunda. Consagrarse es entregarse completamente a los propósitos de Dios, sean cuales fueren. Consagrarse significa que hemos colocado nuestra vida sobre el altar de Dios y hemos renunciado a nuestra orden del día, nuestros propios deseos, metas y planes.

LECCIONES APRENDIDAS SOBRE LA CONSAGRACIÓN

La vida de Sansón había sido consagrada a Dios por sus padres, aún antes de su nacimiento. La vida le fue dada para cumplir con el plan de Dios que era el de liberar a Israel de manos de sus enemigos, los filisteos.

La historia de Sansón, el consagrado, sirve de advertencia a todos los que desean tener una relación apasionada con Dios. Nuestra pasión, ¿será encaminada hacia lo bueno, o hacia saciar nuestra propia alma y nuestra carne? En los días de los jueces los filisteos lograron oprimir a Israel debido a la maldad en la cual Israel había caído. Los filisteos representan al enemigo, quien constantemente viene a atacarnos para intentar dominarnos por completo.

LA CONSAGRACIÓN: ESCOGIDA POR DIOS

Dios quería librar a Israel de esa opresión, y por eso fue que levantó a Sansón como libertador, un hombre de pasión. La Biblia contiene muchos relatos de libertadores santos, tanto hombres como mujeres, que procedían de distintas culturas. Dios no hace acepción de personas, y Él escoje utilizar vasijas que voluntariamente están dispuestas a ser utilizadas. Dios escogió a Sansón para que sierviera de líder y de libertador a Su nación. La opresión continuó por muchos años, el libertador escogido por Dios, quien siquiera había nacido aún, estaba tras bastidores, esperando el tiempo de Dios.

Resulta reconfortante pensar que Dios ya sabía de antemano a quién quería como libertador y cuál sería su linaje. Antes siquiera de que fueramos concebidos en el vientre de nuestra madre, Dios había escogido la familia donde naceríamos. Mucho antes de ser concebidos, Dios ya sabía quiénes seríamos. Cada uno de nosotros ocupó su pensamiento y Él ya había considerado cuál sería nuestro propósito especial. Esto fue lo maravilloso de la vida de Sansón. Mucho antes de ser concebido en el vientre de su madre, Dios pensó en él. Dios tenía un propósito, un plan y un destino que Sansón debía cumplir. Su vida había sido cuidadosamente planificada por Dios. Igual ocurre con nosotros: Dios sabe qué quiere de nosotros y cómo piensa cumplir con sus planes. No hay error alguno.

LA CONSAGRACIÓN: EL DESTINO DIVINO

Sansón nació en una familia de la tribu de Dan, que quiere

decir "juez". Dios había comisionado a la tribu de Dan para que juzgara o mandara sobre Su pueblo y conquistara a los enemigos mediante Su poder.

El destino futuro de los descendientes de Dan fue profetizado por Jacob. La Escritura dice, "Dan juzgará a su pueblo, Como una de las tribus de Israel. Será Dan serpiente junto al camino, Víbora junto a la senda, Que muerde los talones del caballo, Y hace caer hacia atrás al jinete." (Génesis 49:16 a 17).

Así que Sansón estaba destinado al liderazgo y hacer caer atrás a sus enemigos en calidad de guerrero poderoso. No había error alguno. El destino de la tribu de Dan era la de luchar contra los enemigos de Israel. Sansón estaba destinado a ser "prudente[s] como serpientes, y sencillo[s] como palomas" (Mateo 10:16). Se suponía que fuera sabio y prudente, pero consagrado a Dios.

LA CONSAGRACIÓN: HERENCIA DE DIOS

El padre de Sansón se llamaba Manoa, que quiere decir "descanso y tranquilidad". Creo que el descanso y la tranquilidad formaban parte de la herencia de Sansón. A Manoa se lo describe como un hombre temeroso de Dios que creía en la oración. El Señor escogió a Manoa y a la madre de Sansón para que fueran los guardianes de Su libertador escogido. Considero que los padres que Dios escogió para Sansón eran guerreros de oración. Si Sansón viviera en nuestra época moderna se lo consideraría como un estratega de la guerra espiritual y como un gran juez.

Sansón provenía de una familia de oración que estaba abierta a recibir visitaciones sobrenaturales.

> "Ahora, pues, no bebas vino ni sidra, ni comas cosa inmunda. Porque he aquí que concebirás y darás a luz un hijo; y navaja no pasará sobre su cabeza, porque el

niño será nazareo a Dios desde su nacimiento, y él
comenzará a salvar a Israel de mano de los filisteos."

—JUECES 13:4 A 5

Este fue la promesa y la palabra profética que fue hablada
al corazón de la madre de Sansón, dotándola de la fe que
necesitaba para concebir. ¿Cuántas veces necesitamos
escuchar una palabra profética por parte de Dios, o una
promesa de Dios por medio de uno de Sus mensajeros, que
nos asegure que Él va a cumplir con Su promesa que llenará
ese vacío que tenemos en nuestra vida. Es eso lo que el Señor
estaba obrando aquí en la madre de Sansón, pues era estéril,
y en aquella época, serlo resultaba una estigma.

Cuán maravilloso que ella obtuviera, mediante el ángel,
las instrucciones del Señor en cuanto a lo que debía hacer. Él
la instruyó en cómo ayudar a su hijo a cumplir su destino
como nazareo, alguien que recibe un llamado de Dios.

Hay un límite sobre cuánto los padres pueden ayudar a
sus hijos, el resto queda entre ellos y Dios. Al mirar a los
padres de Sansón creo firmemente que le dieron el mejor
comienzo que pudieron haberle dado. Dedicaron, o sea,
consagraron a Sansón al Señor. Por medio del ángel su
madre recibió palabra del Señor de que estaba destinado a
ser nazareo, consagrado a Dios para un propósito especial.
El ángel dio instrucciones acerca de cuáles debían ser los
votos de un nazareo, y la madre de Sansón las siguió.

LA CONSAGRACIÓN: EL LLAMADO NAZAREO

Un nazareo podía ser hombre o mujer. Para servir en el
campo espiritual no importa cuál es nuestro sexo; Dios ha
llamado a que todo su pueblo se aparte y se consagre a Él.

"Ya no hay judío, ni griego; no hay esclavo ni libre; no

hay varón ni mujer: porque todos vosotros sois uno en Cristo Jesús. Y si vosotros sois de Cristo, ciertamente linaje de Abraham sois, y conforme herederos según la promesa."

—GÁLATAS 3:28 A 29

Un nazareo no tenía que ser sacerdote, ocupar un alto cargo ni ser juez ni principal; podía ser una persona común y corriente.

No era necesario que el nazareo estuviera apartado de la sociedad todo el tiempo, como si fuera un monje. Un nazareo podía vivir libremente entre los mundanos y sin embargo permanecer consagrado a Dios. Este hecho me maravilla, pues realmente es por la gracia de Dios que podemos vivir en este mundo, pero apartados para Él.

En el libro de Daniel, los tres jóvenes judíos Sadrac, Mesac y Abed-nego vivieron esta realidad en carne propia. Literalmente lograron pasar por el fuego ardiente sin quemarse. Este es el tipo de vida consagrada a la cual Dios está llamando a Su pueblo en este día y en esta hora. Con Su gracia lograremos hacer otro tanto. Al igual que los tres jóvenes judíos, caminaremos por los fuegos ardientes de este mundo y saldremos sin siquiera olor de fuego en nuestra ropa. Debemos estar viviendo apartados a Dios para que el mundo no logre dañarnos. Esta fue la palabra profética pronunciada sobre Sansón, y, por medio de Dios, tenía la habilidad para cumplirla.

CONSAGRACIÓN: ABSTENERSE DEL VINO DEL MUNDO

Para su consagración el nazareo debía cumplir tres requisitos: abstenerse de beber vino ni bebida fuerte; nunca cortarse el cabello, y no acercarse a persona muerta ni a impurezas (ver Jueces 13:5 y Números 6:2 a 21). Sansón y los demás nazareos debían encontrar satisfacción en la presencia de Dios, no en el vino.

Creo que abstenerse de beber vino muestra el compromiso de la persona consagrada a encontrar satisfacción sólo en el vino del Espíritu Santo. La única embriaguez que le tocaba experimentar a Sansón era la que se encuentra ante la presencia de Dios. El mundo considera que el vino y la bebida fuerte proporcionan ciertos beneficios al que los ingiere. Estos mismos beneficios: relajación, euforia y fraternización, los busca y encuentra en el Espíritu el que está consagrado a Dios.

> El vino es escarnecedor, la sidra alborotadora; Y cualquiera que por ellos yerra no es sabio.
>
> —PROVERBIOS 20:1

Aquellos que se embriagan con vino y bebidas fuertes terminan haciendo el ridículo. Terminan mofándose de Dios y de las cosas de Dios. Se ríen de las cosas que son sagradas. Las bebidas fuertes también hacen que de nosotros broten el enojo y muchas otras emociones que no le convienen a alguien que se ha consagrado.

LA CONSAGRACIÓN: UNA DEVOCIÓN PARA TODA LA VIDA

El cabello largo le servía a Sansón como recuerdo de sus votos. El cabello largo era un símbolo de estar cubierto, y el largo del cabello testificaba del largo del voto. Sansón era nazareo en perpetuidad desde el vientre de su madre. Había sido consagrado a Dios hasta su muerte; es por eso que jamás debía cortarse el cabello. Algunos nazareos hacían votos más cortos. Si un nazareo se cortaba el cabello, con ello daba por terminado el periodo del voto, y el cabello debía quemarse junto con el holocausto porque representaba el voto mismo. No se le permitía utilizar el cabello para ningún otro fin porque se consideraba que era algo sagrado.

La Escritura menciona varios usos para la palabra cabello en sentido figurado. El cabello representa puntería, tal como errar el blanco "por un cabello" (ver Jueces 20:16). En ocasiones el cabello representa seguridad, "no caerá un cabello de su cabeza" (ver 1 Samuel 14:45). En la Biblia las canas representan edad (Levítico 19:32) y dignidad (Proverbios 16:31). Es marca de honra (1 Corintios 11:15), y a veces de orgullo (1 Timoteo 2:9). Así que, se tratara de un hombre o de una mujer, para los nazareos que hacían votos, el largo del cabello era sumamente significativo.

CONSAGRACIÓN: LIBRE DE MUERTE E IMPUREZAS

El tercer requisito era mantenerse libre de muerte e impurezas; de lo profano. Esto es muy significativo porque los que están consagrados al Señor deberían andar con Él en santidad y justicia. Vivimos en el mundo, pero no somos del mundo (Juan 17:14 a 15).

Sobre Sansón se había profetizado que debía vivir toda una vida libre de la inmundicia de la muerte, que representaba al pecado. Este era el destino trazado para la vida de Sansón. Sin embargo, sencillamente debido a que algo se te profetiza o te es prometido, no quiere decir que se cumpla automáticamente en tu vida. Cada uno de nosotros desempeña un papel importante en el cumplimiento de nuestro destino. De cada uno de nosotros se requiere la obediencia para poder cumplir con la promesa de nuestro destino.

Como creyentes consagrados, Dios exige que nos mantengamos alejados de las cosas que tienen que ver con la muerte y las impurezas. En la historia de Sansón se refieren a estas cosas para representar las obras de las tinieblas y de la perversidad. Resulta imprescindible que los creyentes consagrados vivan en santidad.

LA CONSAGRACIÓN: EL PODER DE LA LENGUA

Una de las maneras en las cuales el creyente consagrado debe rechazar el poder de la muerte es domando la lengua. La Biblia dice que la muerte y la vida están en poder de la lengua (Proverbios 18:21). Nuestras palabras pueden traer vida, o muerte. Somo sacerdotes del Altísimo. Dios nos ha llamado a ser Su pueblo profético, y como tal, deberíamos pronunciar bendiciones sobre Su pueblo. Deberíamos dirigirnos a los demás hablándoles bondad y vida. Es una lástima que a veces maldecimos y robamos a la persona de su esperanza cuando fallamos y no hablamos en su vida una palabra de aliento. Utilizar el poder de la lengua para el Señor es tremenda responsabilidad.

Números 6:8 dice, "Todo el tiempo de su nazareato, será santo para Jehová". Esta es una de las declaraciones que se proclaman sobre los nazareos. Siempre que estén en el nazareato, deben mantener santidad hacia el Señor. Cuando primero recibimos a Jesús apartamos nuestra vida para Él. Este llamado de Dios para Sansón también nos lo extiende a nosotros.

LA CONSAGRACIÓN: VIVIR LA VIDA CON CUIDADO

"Ahora, pues, no bebas vino ni sidra, ni comas cosa inmunda."

—Jueces 13:4

Resulta interesante recalcar que para ese mismo versículo la Biblia de las Américas lee, "Ahora pues, cuídate de no beber vino ni licor, y de no comer ninguna cosa inmunda". Cuidar quiere decir "poner diligencia, atención y solicitud en la ejecución de una cosa; asistir, guardar, conservar". Sus sinónimos son "conservar, preservar, custodiar, vigilar". Quiere decir que debemos proteger algo, rodearlo con una valla protectora, como, por ejemplo, de espinas. El ángel se dirigía a la madre de Sansón, advirtiéndole cuán serio era el llamado de su hijo y que todo cuanto hiciera lo afectaría física y espiritualmente.

Nosotros también debemos custodiarnos, cuidarnos y guardarnos a nosotros mismos. Vigilar es un término que se utiliza en la guerra espiritual. Debemos vigilar qué hacemos y cómo lo hacemos, porque nuestra vida está produciendo fruto. La madre de Sansón produciría un hijo que llevaría la marca de su influencia. Tenía que ser cuidadosa en extremo y hacer lo correcto porque Dios mismo había escogido a este niño para cumplir Sus propósitos. Todo cuanto comiera o bebiera pasaría al torrente sanguíneo de Sansón y podría llegar a crear en él un apetito por aquellas cosas que debía resistir.

Los padres de Sansón cumplieron con todas las exigencias. De ahí en más, la responsabilidad de cumplir con el llamado de Dios pasaría a manos de Sansón en el futuro. Él iba a tomar decisiones cruciales que afectarían a toda una nación. Jamás podría culpar de su fracaso a sus padres.

Nuestro llamado y nuestra consagración es nuestra responsabilidad. No podemos culpar a nadie más por nuestra desobediencia. Cuando Dios nos llama para cumplir un propósito, nos equipa para ser exitosos.

LA CONSAGRACIÓN: UNA VISITACIÓN SOBRENATURAL

Primero la madre de Sansón tuvo un encuentro espiritual, y luego también lo tuvo su padre. Al enterarse de la experiencia que había tenido su esposa, Manoa oró.

"Entonces oró Manoa a Jehová, y dijo: Ah, Señor mío,

yo te ruego que aquel varón de Dios que enviaste, vuelva ahora a venir a nosotros, y nos enseñe lo que hayamos de hacer con el niño que ha de nacer."

—JUECES 13:8

Este pasaje revela la herencia sagrada de Sansón, legado de su padre y de su madre. Rogar es otra palabra para orar. En hebreo es *gatar*, que significa "quemar incienso durante la adoración, o sea, interceder, y también reciprocar o escuchar la oración". Rogar al Padre es un tipo de petición que se presenta con un corazón lleno de adoración. Es decir, es una intercesión impulsada por las alas de la adoración. Es una oración que acarrea la fragancia propia de una comunión íntima con Dios. La herencia de Sansón le confería un conocimiento de cómo adorar a Dios en oración. La relación íntima del nazareo con su Señor debía ser cual incienso ante Dios.

LA CONSAGRACIÓN: FORJANDO PADRES Y MADRES EN ISRAEL

Cuando los padres de Sansón le pidieron a Dios que "nos enseñe lo que hayamos de hacer", revelaron su moral. La palabra hebrea para enseñar es *yará*, que significa "fluir como de agua" (o sea, llover). También se traduce como tirar o lanzar (especialmente una flecha, o sea, disparar); en sentido figurado señalar, como si fuera con el dedo; enseñar".

Manoa quería saber qué es lo que debía hacer para ayudar a que su hijo cumpliera con su llamado. Manoa le dijo a Dios que necesitaba una enseñanza que fluyera como el agua; sabía que tenía mucho que aprender. Necesitaba ser instruido por Dios continuamente si iba a señalarle a su hijo la dirección que debería tomar. Su hijo podría ser semejante a una flecha o saeta. El Salmo 127:4 dice que los hijos serán como saetas en mano del valiente. Parecía que Sansón estaba destinado a compartir muchas de las cualidades de su padre: ser una persona de paz y descanso, de oración y alabanza y alguien que busca ayuda para dar en el blanco.

El Señor está llamando a su pueblo a ser madres y padres en Israel. Vivimos una época apostólica cuando Dios nos está llamando a servir de modelo. Nos llama a ser nazareos y padres de nazareos. Es necesario que podamos enfrentar todo tipo de situación y andar rectamente ante el Señor y ante todos los pueblos del mundo para que sepan quiénes somos en Cristo.

Nos marcará un símbolo. El símbolo de nuestra consagración a Dios no será la de llevar largo el cabello, sino la gloria que cubrirá nuestra cabeza, nuestra mente y nuestra manera de pensar. Una vez que las personas sean atraídas a nosotros por medio de Cristo, podremos ayudarlos a cumplir con su destino. El Señor nos llama para que nos reproduzcamos y sirvamos de ejemplo, al igual que lo hizo Manoa. Mas tendremos que confiar en Dios y entregárselos a Él, pues ellos también tienen que tomar sus propias decisiones.

LA CONSAGRACIÓN: ESCUCHAR Y GUARDAR EL REPOSO CONSAGRADO

"Y Dios oyó la voz de Manoa; y el ángel de Dios volvió otra vez a la mujer, estando ella en el campo; mas su marido Manoa no estaba con ella".

—JUECES 13:9

Cuando el padre y la madre de Sansón oraban, Dios los escuchaba. Dios les prestaba atención. La palabra hebrea para oír o escuchar es *shama*. Significa "escuchar inteligentemente (con frecuencia implica tener la atención de, obediencia; causar que se divulgue)". Dios no sólo escuchaba las palabras de la oración de Manoa, sino su corazón. Es esta la definición de la oración; más allá de las palabras que podamos pronunciar, la oración muestra la motivación de nuestro corazón. Es la más profunda expresión de nuestro hombre interior.

Creo que Dios escuchó a Manoa debido a que él había entrado en el reposo consagrado. Este se manifiesta cuando la carne se calla y habla el espíritu del hombre interior. Sansón había sido llamado para luchar contra los enemigos de Israel, y en medio de la batalla acalorada debía dar el ejemplo.

En el versículo 9 el Señor contestó el ruego de Manoa. Sin embargo, el ángel no volvió a él, sino que se dirigió a la persona a quien primero le había sido dada la profecía, a la madre de Sansón. Era ella quien debía cumplir la palabra profética de la promesa. La esposa de Manoa era quien llevaría en su vientre a este profeta de Dios. Al fin y al cabo era responsabilidad de ella asegurarse de cumplir con todos los requisitos, ya que iba a ser ella quien iba a dar a luz.

LA CONSAGRACIÓN: PROTEGER EL PROPÓSITO DE DIOS

"Y la mujer corrió prontamente a avisarle a su marido, diciéndole: Mira que se me ha aparecido aquel varón que vino a mí el otro día. Y se levantó Manoa, y siguió a su mujer; y vino al varón y le dijo: ¿Eres tú aquel varón que habló a la mujer? Y él dijo: Yo soy. Entonces Manoa dijo: Cuando tus palabras se cumplan, ¿cómo debe ser la manera de vivir del niño, y qué debemos de hacer con él? Y el ángel de Jehová respondió a Manoa: La mujer se guardará de todas las cosas que yo le dije..."
—JUECES 13:10 A 13

Aquellos que son responsables para guardar una palabra que proclama el designio de Dios serán los que la reciban.

Los demás pueden proteger la palabra hasta cierto punto. Pero al final de cuentas, nadie más que uno es responsable de hacer cumplir en nuestra vida la palabra profética. Nadie más acarrea la responsabilidad de las promesas que son dadas a nuestra vida, aunque nuestra madre, padre y hermanos en el ministerio puedan llegar a ayudarnos a cumplirla.

Cada uno de nosotros es guarda de su hermano. Sin embargo, lo que Dios me ha hablado a mí individualmente, sobre mí recae la opción de cumplirlo o rechazarlo. Manoa oró y vino Dios. El Señor le contestó, pero se dirigió directamente a la persona que había de cumplir la promesa, al responsable de la palabra profética, a quien la iba a dar a luz.

En Jueces 13:14 el ángel vuelve a mencionar los requisitos propios de un nazareo. Esto pone de manifiesto la gracia de Dios que nos recuerda lo que debemos hacer. Él sabe que somos seres humanos. Dios sabía que estas dos personas eran frágiles y falibles. Más de una vez se les recordó cuáles eran los requisitos para cerciorarse de que siguieran exactamente lo que debían hacer ante el Señor.

LA CONSAGRACIÓN: UNA REVELACIÓN DE JESÚS

Jueces 13:17 dice, "Entonces dijo Manoa al "angel de Jehová: ¿Cuál es tu nombre, para que cuando se cumpla tu palabra te honremos?". El ángel no quería que Manoa y su mujer pusieran énfasis en quién había hecho entrega de la palabra enviada por Dios. Nuestro énfasis jamás debe posarse sobre la persona que nos da la palabra profética, sino sólo en Dios.

La misión del ángel era la de hacer llegar la palabra a Manoa y a su mujer para ayudarlos a seguir por el camino correcto. Mantén el enfoque; mantén a Dios en el centro. Era imperativo que los padres de Sansón así lo hicieran antes de que naciera el niño.

"Y el ángel de Jehová respondió: ¿Por qué preguntas por mi nombre, que es admirable?".

–JUECES 13:18

¡Qué emocionante! Examinemos más de cerca esta maravillosa cita bíblica. La profecía mesiánica de Isaías 9:6 utiliza la palabra hebrea *pelé*, que significa "admirable". Esto sugiere que el ángel que se le apareció a los padres de Sansón ¡puede haber sido el mismo Jesús! En teología nos referimos a esta aparición como una "teofanía", una manifestación visible de Dios cuando éste aparece con otra forma. En esta instancia, apareció Jesús. Esto es lo que hace que sea tan admirable y maravilloso el llamado de Sansón. Sus padres no sólo habían recibido una visitación de un ángel de Dios, sino que ¡puede haberse tratado de Jesús mismo! Resulta imposible comprender el nombre de Jesús. ¡Él es admirable y maravilloso! "Porque un niño nos es nacido, hijo nos es dado, y el principado sobre su hombro; y se llamará su nombre Admirable, Consejero, Dios Fuerte, Padre Eterno, Príncipe de Paz" (Isaías 9:6).[1]

LA CONSAGRACIÓN: UN LLAMADO A LA ADORACIÓN

"Y Manoa tomó un cabrito y una ofrenda, y los ofreció sobre una peña a Jehová; y el ángel hizo milagro ante los ojos de Manoa y de su mujer. Porque aconteció que cuando la llama subía del altar hacia el cielo, el ángel de Jehová subió en la llama del altar ante los ojos de Manoa y de su mujer, los cuales se postraron en tierra. Y el ángel de Jehová no volvió a aparecer a Manoa ni a su mujer. Entonces conoció Manoa que era el ángel de Jehová."

–JUECES 13:19 A 21

Una vez recibida la palabra profética, Manoa y su mujer adoraron en el altar. En vez de llevarse el cabrito para celebrar entre ellos, lo ofrecieron al Señor en adoración. Todo el énfasis durante el comienzo de la vida de Sansón estaba en la consagración, preparación, alabanza y adoración. No estaban de fiesta.

Por medio del ángel Dios obró milagros ante los ojos de Manoa y de su mujer. El ángel jamás volvió a aparecer. Dios viene y nos visita, pero no siempre vuelve a visitarnos de la misma manera. Manoa y su esposa estaban aprendiendo los caminos de Dios.

Jueces 13:22 dice, "Y dijo Manoa a su mujer: Ciertamente moriremos, porque a Dios hemos visto". De ver a un extranjero, a un hombre a quien reconoció como un ángel de Jehová, ahora Manoa se da cuenta de que él y su esposa estaba experimentando una revelación de Dios mismo. A esto yo lo llamo tener una revelación progresiva. Una relación íntima con Dios se desarrolla a medida que va transcurriendo el tiempo. Dios se revela a sí mismo progresivamente, según lo buscamos con corazón sincero. Siempre hay una progresión, algo más que Dios desea revelarnos. Durante el tiempo de adoración frente al altar, los ojos de los padres de Sansón fueron abiertos para que pudieran ver más completamente la revelación de la aparición de Dios. Mientras más se centraban en Dios, mayor era su discernimiento. Por último, el resultado de esta revelación progresiva es que vieron a Dios. Este es el clamor de muchos corazones hoy. Queremos ver a Cristo.

La vida de Sansón no es sólo una linda historia para contarles a los niños durante la Escuela Dominical. La palabra de Dios es poderosa y relevante, que revela las lecciones de la vida por medio de las vidas de los santos, relatos que han sido preservados para nuestro desarrollo.

En Jueces 13:20 vemos que el ángel de Jehová subió en la

llama del altar mientras que Manoa y su mujer se postraron en tierra, en adoración y temor reverente. Una vez más se manifiestan los atributos de esta consagrada pareja. Son adoradores humildes cuya reverencia a Dios sería el legado de su hijo. Conforme sube el ángel de Jehová en las llamas del altar, sabemos que Dios ha aceptado el sacrificio santo ofrecido por este matrimonio.

EL PODER: FRUTO DE UNA VIDA CONSAGRADA

"Y su mujer le respondió: Si Jehová nos quisiera matar, no aceptaría de nuestras manos el holocausto y la ofrenda, ni nos hubiera mostrado todas estas cosas, ni ahora nos habría anunciado esto. Y la mujer dió a luz un hijo, y le puso por nombre Sansón. Y el niño creció, y Jehová lo bendijo."

—JUECES 13:23 A 24

Dios había esperado cuarenta años para enviarle un libertador a Israel. Cuando lo hizo fue en el momento y en la época adecuada, no sólo para el pueblo de Israel, sino también para Manoa y su mujer. Era el momento de Dios para que fueran los guardianes de Sansón y de la palabra profética. Manoa y su mujer eran dignos de confianza. Los padres escogieron su nombre, Sansón, que significa "como el sol, soleado, sol pequeño; destructor". El nombre sugiere que este niño estaba lleno de energía y de luz, y del poder de Dios.

CONSAGRACIÓN: PODER PARA DESTRUIR FORTALEZAS

La palabra destruir significa "deshacer, arruinar o asolar una cosa material; (fig.) deshacer, inutilizar una cosa no material, como un argumento, un proyecto". Sansón nació en este mundo con un sólo propósito: fue consagrado y llamado para destruir las obras de las tinieblas.

Esto es exactamente lo que Dios nos ha llamado a hacer en esta hora de tinieblas espirituales. Dios nos llama a ser un pueblo tan lleno de luz que nuestra mera presencia disipe las tinieblas. Las fortalezas deberían derrumbarse solas ante nuestra presencia. Es sólo cuando desarrollamos una relación íntima con Dios y vivimos ante Su presencia que gozaremos de ese tipo de unción.

El nombre de Sansón reveló su llamado, el llamado de un creyente consagrado. Su nombre también significa "inutilizar". La unción que cae sobre nosotros como resultado de nuestra consagración inutilizará a Satanás y a todos sus secuaces. Nuestra misión es la de inutilizar todas sus mentiras, engaños y artimañas.

Sansón era un hombre de fortaleza y celo espiritual, pero también de orgullo y pretensión, lo que contribuyó a su caída. A pesar de ello, se lo incluye entre los héroes de la fe (ver Hebreos 11:32).

CONSAGRACIÓN: UNA VIDA DE BENDICIÓN

A una consagración especial le sigue una bendición especial. Dios es fiel a sus promesas y nos bendecirá aún cuando nosotros no lo bendigamos a Él. Las bendiciones de Dios reposaban poderosamente sobre Sansón debido a su consagración. Sansón falló en su humanidad, mas las promesas de Dios nunca fallaron.

La palabra hebrea para bendición es *barak*, que quiere decir "arrodillarse", con el sentido de hacerlo como un acto de adoración; viceversa, bendecir al hombre como benefactor. Significa además "felicitar, alabar, saludar".

DESCENDIÓ DIOS Y BENDIJO A SANSÓN.

"Y la mujer dio a luz un hijo, y le puso por nombre

Sansón. Y el niño creció, y Jehová lo bendijo. Y el
espíritu de Jehová comenzó a manifestarse en él en los
campamentos de Dan, entre Zora y Estaol."

—JUECES 13:24 A 25

El Espíritu Santo se movía sobre los profetas de diferentes
maneras, pero en la actualidad en Él vivimos, nos movemos y
somos. Él mora en nosotros, y, sepámoslo o no, también Su
unción. Hoy el Espíritu mueve a muchos, no sólo a uno o a
dos, como en los tiempos de Sansón. Si él asistiera a la iglesia
de nuestra época creo que no sólo sería estratego de guerra
espiritual sino también un hombre movido por el Espíritu
Santo de Dios. La vida de especial consagración que vivía
Sansón lo llevó a vivir una vida con una unción, dones y
poder profundos.

LA CONSAGRACIÓN: UNA VIDA EN LA QUE SE MANIFIESTA ESTE GRAN PODER

Sansón experimentó un avivamiento carismático como
resultado de su consagración. A partir de ese momento
operaba con gran poder y en él se manifestaban todas las
operaciones del Espíritu Santo.

El término Espíritu de Dios viene de la palabra hebrea
rûaj, que significa "viento; por parecido, aliento, o sea una
exhalación suave (o aún violenta); vida; furia.

El *rûaj* de Dios, o sea, Su presencia, le fue manifestada a
Sansón de forma singular debido a su consagración. Fue una
manifestación violenta. Algunos de nosotros hemos sentido
el viento de Dios de manera similar. Cuando el viento de
Dios se cernió sobre él, Sansón tembló. Vivió una manifestación fuertísima, como el viento de un torbellino o de
una tormenta.

Creo que conforme el Espíritu de Dios soplaba recio

sobre Sansón, vivió una experiencia similar a lo que se está manifestando últimamente en los Estados Unidos y alrededor del mundo. No creo que haya sido "violento" en el sentido negativo de la palabra, sino más bien, de una potencia sobrecogedora.

La manifestación del Espíritu que sintió Sansón fue un despliegue glorioso del placer y el poder de la presencia de Dios; una manifestación externa de un obrar interno del santo poder del Señor.

CONSAGRACIÓN: APRENDER LOS CAMINOS DEL SEÑOR

Cuando Sansón alcanzó la madurez, comenzaron a cumplirse las promesas y las palabras proféticas que habían sido pronunciadas sobre su vida. El Espíritu del Señor, el *rûaj*, venía sobre él, conmoviéndolo y haciéndolo temblar en lo más profundo de su ser. A Sansón le fue enviada una ráfaga del aliento de Dios. Sus padres le habían enseñado acerca de Dios por medio de su testimonio y de su ejemplo. Ahora Dios mismo irrumpía en la vida de Sansón para revelar Su presencia y Su poder de una manera más íntima. Dios no nos dio una pequeñita muestra de su poder, ¡sino una manifestación portentosa!

En este momento dado el entendimiento que tenía Sansón de los caminos del Espíritu de Dios cambió radicalmente; ya no era el conocimiento propio de un niño, sino de un hombre maduro. Sansón se desarrolló hasta ser transformado y de entender las distintas manera en las cuales se mueve Dios. Sansón había sido levantado. Aquel a quien llamaban como el sol estaba siendo iluminado por el poder del Espíritu Santo.

Lo que le sucedió a Sansón no fue una experiencia pasiva. No siempre los encuentros con el Señor son pasivos. Hay ocasiones en que hay una quietud, un silencio, como he mencionado a fondo en este libro. Mas en otras ocasiones estas experiencia están marcadas por un encuentro dinámico y glorioso con el Dios vivo. Sansón fue levantado con fervor; el celo de Dios lo consumía.

LA CONSAGRACIÓN: PODER Y DIRECCIÓN PARA EL MINISTERIO

"Y el Espíritu de Jehová comenzó a manifestarse en él en los campamentos de Dan..."

—JUECES 13:25

La tribu de Dan acampaba en Mahne-dan. Fue en ese lugar que el Espíritu de Dios se avivó sobre Sansón por primera vez, y fue allí donde fue sepultado. fue el lugar donde nació y murió en el Espíritu. Sansón recibió esa primera manifestación en un lugar conocido por su tribu; era su base, la sede de su hogar. Los dones del Espíritu Santo se manifestaron en él en gran manera (2 Timoteo 1:6).

Daba el caso de que su base estaba ubicada entre Zora, donde nació, y Estaol. Zora significa "azotar, golpear, flagelar o castigar". Estaol quiere decir "petición". En la mayoría de las referencias bíblicas se mencionan siempre ambas ciudades. A un lado de su hogar había un lugar de oración o de petición a Dios; del otro, uno de castigo.

Es en ese lugar donde Dios le sale al encuentro a Sansón, y a nosotros: en nuestra base, en el lugar donde acampamos. Dios se encuentra con nosotros para luego llevarnos a donde está Él. Dios se encuentra aquí abajo, donde vivimos, con la aflicción de un lado y del otro la opción de presentar nuestra petición ante Él en oración.

Por lo general hay un catalizador que nos atrae al Señor, algo que aumenta en nosotros el deseo que sentimos por Él. Parece haber ciertas cosas que obran juntas, llevándonos a elevar a Dios una petición que, a la larga, haga descender Su poder y Su presencia, trayendo avivamiento.

Fue en Mahne-dan , entre Estaol y Zora, que por primera vez se manifestó Dios en Sansón en contra de los filisteos. No sólo tenía él mismo el poder del Espíritu Santo, sino que también recibió guía del Señor. Con este poder Sansón recibió la motivación que necesitaba para convertirse en el libertador de Israel.

LA CONSAGRACIÓN: VOTOS ROTOS

El que uno se consagre, o se entregue totalmente a Jesucristo, no garantiza que nunca más seremos tentados. Jesún mismo fue tentado, aunque jamás pecó (ver Lucas 4; Hebreos 2:1a 18;4:15).

En la vida de todos los creyentes abundan las tentaciones, especialmente alrededor de los que tienen un compromiso firme con el Señor. Nuestro corazón peligra constantemente porque puede perder su primer amor. La llama ardiente que nos permite amar a Cristo apasionadamente, puede fácilmente irse apagando. Debemos mantener un alerta continuo para proteger esta pasión que llevamos en nuestro corazón.

Después de esta maravillosa experiencia con Dios, Sansón se dirigió a Timnat, donde vio y deseó a una de las hijas de un filisteo incircunciso. Sansón volvió y le dijo a su padre y a su madre que se la trajeran para que fuera su mujer. Sus padres no estaban de acuerdo y objetaron. Intentaron persuadirlo por todos los medios a que escogiera mujer de entre su familia.

En Jueces 14:3 encontramos la respuesta de Sansón: "Tómame ésta por mujer, porque ella me agrada."

Los padres no se daban cuenta de que Dios estaba sirviéndose de los deseos humanos de Sansón: los deseos de la carne, los deseos de los ojos, y la vanagloria de la vida, para Su beneficio y el de los israelitas. (Ver 1 Juan 2:16).

El Señor hasta sacará ventaja de nuestras tendencias pecaminosas. Los padres de Sansón intentaron llevarlo por buen camino, pero no lo lograron.

> "Y Samsón descendió con su padre y con su madre a Timnat: y cuando llegaron a las viñas de Timnat, he aquí un león joven que venía rugiendo hacia él. Y el Espíritu de Jehová vino sobre Sansón, quien despedazó al león como quien despedaza un cabrito, sin tener nada en su mano; y no declaró ni a su padre ni a su madre lo que había hecho. Descendió, pues, y habló a la mujer; y ella agradó a Sansón. Y volviendo después de algunos días para tomarla, se apartó del camino para ver el cuerpo muerto del león; y he aquí que en el cuerpo del león había un enjambre de abejas, y un panal de miel. Y tomándolo en sus manos, se fue comiéndolo por el camino; y cuando alcanzó a su padre y a su madre, les dio también a ellos que comiesen; mas no les descubrió que había tomado aquella miel del cuerpo del león."
>
> —JUECES 14:5 A 9

Sansón demostró una falta de integridad al no informarle a sus padres que había sacado la miel del cadáver del león. Al probar de algo muerto estaba quebrantando uno de los votos, y, sin que ellos lo supieran, había hecho partícipes a sus padres de su pecado.

CONSAGRACIÓN: MANTENER RELACIONES PERSONALES PURAS EN EL SEÑOR

Luego de su primer gran encuentro con el Señor, Sansón quería algo que le agradara a él. En 2 Corintios 6:14 Pablo escribe, "No os unáis en yugo desigual con los incrédulos;

porque ¿qué compañerismo tiene la justicia con la injusticia? ¿Y qué comunión la luz con las tinieblas?" La Biblia aconseja que nos casemos únicamente en el Señor (ver 1 Corintios 7:39). Sansón desobedeció este principio fundamental: la consagración exige que mantengamos relaciones personales puras en el Señor.

El simple hecho de que tengamos un maravilloso encuentro con el Espíritu Santo no quiere decir que no vayamos a cometer errores. En cuanto presencia manifiesta se levanta, todavía nos quedan opciones y decisiones que tomar cuando se nos presentan oportunidades para pecar. Es comun que luego de un gran encuentro espiritual, nos enfrentemos a una lucha que nos prueba y nos revela la verdadera naturaleza de nuestra relación. Miramos a Dios a los ojos, y el mira los nuestros con una mirada que cala hasta nuestra alma. Sansón no hizo caso de la advertencia de sus padres. Su segunda gran experiencia con el Espíritu Santo, de hecho, trajo muerte a su relación con sus padres.

LA CONSAGRACIÓN: ALEJADO POR LOS CAMINOS DEL MUNDO

Sansón era bastante popular, y no sólo con las mujeres. Le resultaba fácil atraer una multitud de sus compañeros, ya que en una celebración que tuvo se le unieron treinta muchachos jóvenes.

Era un individuo dotado de gran inteligencia, talento y sentido del humor. Tenía enigmas para contar, y parecía ser la atracción de la fiesta. Sansón le caía bien a todo el mundo. Y esa fue la trampa que resultó en un orgullo presumido. La Biblia dice, "No améis al mundo, ni las cosas que están en el mundo. Si alguno ama al mundo, el amor del Padre no está en él. Porque todo lo que hay en el mundo, los deseos de la carne, y los deseos de los ojos, y la vanagloria de la vida, no proviene del Padre, sino del mundo".

El ejemplo de Sansón le sirve de advertencia a los que desean mantener una relación íntima con el Señor y una conducta pura. Las debilidades que tenía Sansón pueden yacer en cualquiera de nosotros que haya sido consagrado para y por Dios. A veces nuestra unción y nuestros dones nos engañan y llegamos a pensar, erradamente, que comprueban nuestra madurez y conducta cristianas.

Comenzamos a percibir un patrón aquí cuando, luego de que su mujer lo presionara durante siete días, él al final se rindió y le dió la respuesta a uno de sus enigmas. Ella y su padre corrían el peligro de perderlo todo. Pero ese tipo de relación superficial no es para aquellos que han entrado en el pacto divino. A la larga pueden formar una trampa.

"Y el espíritu de Jehová vino sobre él, y descendió a Ascalón, y mató a treinta hombres de ellos; y tomando sus despojos, dió las mudas de vestidos a los que habían explicado el enigma: y encendido en enojo se volvió a la casa de su padre. Y la mujer de Samsón fué dada a su compañero, al cual él había tratado como su amigo."

—JUECES 14:19 A 20

La furia que sentía Sansón era reflejo de su naturaleza apasionada, que tenía que ser reencausada y sometida a Dios. Sansón figura en Hebreos junto con los héroes de la fe, y siguió siendo nazareo todos los días de su vida, con el poder del Espíritu Santo sobre él. Sin embargo, esto no cambió la naturaleza de su personalidad ni de su conducta. Esa responsabilidad le tocaba a Sansón, y falló miserablemente.

La unción del poder de Dios no impidió que estas calamidades le ocurrieran, ni le aseguraban un corazón puro. La pureza y el comportamiento cristiano siempre quedan a la discreción del individuo, no importa cuán dotado o ungido sea.

LA CONSAGRACIÓN: GUARDAR EL CORAZÓN

Hace años Dios me habló y me dijo que debía guardar y custodiar la unción, lo que Él me da, y lo que yo le imparto a los demás. Ten mucho cuidado cómo manejas la unción.

El Señor amonesta al cuerpo de Cristo a que tenga cuidado y espere Su hora. El solo hecho de que yo tenga una palabra profética no quiere decir que deba darla de inmediato ni ministrarla a alguien. No es necesario revelar todo lo que tengo ni todo lo que sé. Aprende a escoger cuidadosamente cómo operas en los dones del Espíritu Santo. ¿Está recibiendo Dios la gloria? ¿Es la hora de Dios? Hay veces que el Espíritu viene sobre nosotros para un momento futuro, no necesariamente para llevar algo a cabo de inmediato. En ocasiones la unción del Espíritu Santo viene sobre nosotros para depositar poder dentro nuestro para prepararnos para un momento futuro. A veces viene tan sólo para bendecirnos."

LA CONSAGRACIÓN: MANTENER UNA RELACIÓN ÍNTIMA CON DIOS

La Biblia registra tres grandes encuentros que Sansón tuvo con el Espíritu Santo en su vida. A pesar de su gran llamado y poder, no parece que Sansón pasara mucho tiempo en oración ni en adoración, ni en mantener una relación íntima con el Señor.

Hay muchas personas que tienen encuentros increíbles con el Espíritu Santo y saltan de una experiencia a otra, sin jamás desarrollar una relación íntima con el Señor. No guardan silencio ante Él, no esperan ante su presencia, y como consecuencia no oyen su voz continuamente.

El relato de Sansón nos da una poderosa lección acerca de los peligros que enfrentan los que andan en el poder y el llamado de una vida consagrada. La Biblia nos muestra varias áreas donde Sansón se quedó corto, que a la larga los llevaron a la ruina.

UTILIZAR LA UNCIÓN PARA BENEFICIO PROPIO

Sansón utilizaba el poder de Dios para su propio placer y beneficio cada vez que el Espíritu venía sobre él. Junto con los dones y el bendito Espíritu Santo viene una gran responsabilidad.

Cuando Sansón no fue reprendido por Dios de inmediato por su comportamiento egoísta, creció en él un falso sentido de seguridad. Comenzó a sentir que siempre podía salirse con la suya. Cuando viene a nuestra vida un toque sobrenatural, empezamos a sentir que nuestra vida no se rije por las mismas normas que se aplican a los demás. Nos estamos engañando a nosotros mismos. Mientras más bendecidos seamos con dones espirituales, más responsables somos de andar en ellos con integridad.

Sus padres lo corrigieron de inmediato, pero Sansón optó por hacer caso omiso. Dios se mantuvo callado. Y no hay indicación alguna de que Sansón le dirigiera a Dios la palabra luego de estos tres grandes encuentros. Sansón se tendió a sí mismo la trampa, y Dios le dio el tiempo necesario para que sufriera las consecuencias de sus acciones. La misma naturaleza pecaminosa de Sansón lo arrastraba a la trampa.

Si resulta tan fácil caer en el enredo del pecado, ¿qué puede hacer el creyente? ¿Cómo podemos asegurarnos de que tendremos éxito cuando nos disponemos a vivir una vida consagrada? La respuesta la encontramos en la Escritura:

> "Por tanto, nosotros también, teniendo en derredor nuestro tan grande nube de testigos, despojémonos de todo peso y del pecado que nos asedia, y corramos con paciencia la carrera que tenemos por delante, puestos los ojos en Jesús, el autor y consumador de la fe, el cual por el gozo puesto delante de él sufrió la cruz, menospreciando el oprobio, y se sentó a la diestra del trono de Dios. Considerad a aquel que sufrió tal contradicción de pecadores contra sí mismo, para que vuestro ánimo no se canse hasta desmayar. Porque aún no habéis resistido hasta la sangre, combatiendo contra el pecado; y habéis ya olvidado la exhortación que como a hijos se os dirige, diciendo: Hijo mío, no menosprecies la disciplina del Señor, Ni desmayes cuando eres reprendido por él. Porque el Señor al que ama, disciplina, Y azota a todo el que recibe por hijo."
>
> —Hebreos 12: 1 a 6

Siempre escoje aceptar la disciplina del Señor, pues es una de las formas en que nos expresa el amor y el afecto profundo que siente por nosotros. Jamás debemos endurecer nuestro corazón cuando somos disciplinados mediante las palabras de los demás, o la de Dios. Él nos muestra el camino del éxito, con todos los recursos que necesitamos para triunfar, pero siempre tendremos que escoger ser exitosos en el Espíritu.

SUMISIÓN TOTAL

Es una lástima que Sansón no se sometió a la disciplina que Dios le envió por medio de sus padres. Sin duda hizo caso omiso de los alertas del Espíritu Santo. Sansón había recibido una capacitación extraordinaria para cumplir con los requisitos propios de una vida consagrada, pero decidió quebrantar todos y cada uno de los votos de su consagración.

Cuando quebrantó el primer voto y le pareció que se salía con la suya, se endureció más su corazón. Pensamos en Sansón y nos preguntamos cómo pudo haber sido tan necio como para no ver la trampa que le tendía Dalila. Cada vez que rechazaba sus votos e iba en pos de placeres mundanos, aumentaba su ceguera espiritual. Esta ceguera espiritual que él mismo se impuso se convirtió luego en una ceguera física cuando los filisteos le sacaron los ojos y lo ridiculizaron.

Sansón fue seducido por el mundo y le fue imposible ver sus motivos perversos, hasta que fue demasiado tarde. Cuando los filisteos lo capturaron, lo cegaron físicamente, y lo quebrantaron, sólo entonces se dio cuenta de la verdadera naturaleza de sus enemigos, de quienes había buscado aceptación.

Era un hombre entregado a su propia pasión y furia. Aunque consagrado a Dios, Sansón jamás le entregó su voluntad. Había entregado de sí lo suficiente como para que el Espíritu de Dios se moviera sobre él, pero no se había entregado plenamente a Él. Lo que vemos en Sansón es lo que vemos hoy en día con muchos hombres de Dios que ocupan altos cargos, y sin embargo han sido seducidos por la lujuria y la codicia. La Biblia nos amonesta que debemos huir de las lujurias de la juventud. Debemos tomar a pecho el ejemplo de Sansón. No es suficiente rendirnos "lo justo" para que Dios nos use de una manera limitada; es necesario entregarnos a Él completamente.

OPERAR EN LOS DONES SIN TENER INTIMIDAD

Sansón operó en fuerza, poder y dones sin tener intimidad. Operó desde una posición de autoridad con Dios debido a quien era: debido a su llamamiento, nombramiento y unción. Tenía una relación con Dios, pero no era íntima. Sus oraciones, aunque escasas, siempre eran escuchadas y contestadas. Capturó la ciudad y acarreó las puertas sobre sus hombros. Tenía más pasión para las mujeres que para Dios. Era un hombre de fe, pero no de intimidad.

Sansón permitió que Dalila comenzara a llenar la necesidad que sentía por tener intimidad en su vida. Ella exigía que él le entregara el trono y las recámaras más recónditas de su corazón. Ella quería ocupar el lugar reservado sólo para Dios. Ella quería que él se entregara cuerpo, alma y espíritu. Quería su corazón porque ya tenía su mente. Dalila representa al mundo, que no se contenta con parte de nuestro corazón, sino que sigue exigiendo cada vez más hasta adueñarse de todo.

La estrategia del enemigo es la de que dejemos de pensar en las cosas buenas y puras. La mente es el campo de batalla. Si Satanás logra que en vez de que nos centremos Dios, pensemos en las cosas de este mundo y de la carne, con el tiempo logrará entrar en nuestra recámara íntima que está reservada sólo para el Señor. Era solo cuestión de tiempo antes de que Dalila supiera todo lo que había en el corazón de Sansón: sus secretos, su pacto sagrado, su relación con Dios. Cuando eres consagrado para el Señor, tu vulnerabilidad o desnudez interior le pertenecen sólo a Dios. Dalila quería el hombre interior de Sansón, el que estaba, por así decirlo, casado con su Dios.

Dios predestinó a Sansón para que tuviera una hermosa relación con el Señor, mas la misión satánica de Dalila lo impidió. Dios se preocupa mucho por la comunión que tienes con él. A Jesús le duele profundamente cuando los hombres y mujeres lo rechazan. Dios nos creó y nos dio la vida para que vivamos en una maravillosa comunión con nuestro Creador. Su corazón nos anhela con un amor tal, que jamás lo comprenderemos en su totalidad.

AMAR EL DON, NO AL DADOR

Las personas tienden a mirar los dones, y no al Dador de ellos. Sansón poseía poderosos dones espirituales que operaban en su vida. Andaba en un llamado y en una unción divinos, y tenía gran autoridad. Era un juez y un nazareo, y bajo su mandato el pueblo vivió en paz por veinte años. Dios contestó sus oraciones de manera impresionante.

Sólo por el hecho de que tus oraciones sean contestadas no quiere decir que tengas las cuentas claras con Dios. Sólo porque andas en autoridad no quiere decir que tengas todo en su lugar. Es solamente por la gracia de Dios que operamos en los dones del Espíritu Santo.

Experimentar contestaciones poderosas a nuestras oraciones no comprueba que seamos buenos ni que estemos haciendo todas las cosas bien. La escritura dice que si miro iniquidad en mi corazón, el Señor no me escucha. Aunque algunos hablan en nombre de Cristo o echan fuera demonios, no quiere decir que tengan una relación íntima con Dios.

TOMAR LA GRACIA DE DIOS A LA LIGERA

Demasiadas veces rompemos con nuestras promesas, pero Dios, nunca. Cuando caemos y nos damos cuenta de cuán fiel es Él, hace que deseemos tener mayor intimidad con el Señor.

Al mirar a los que operan con gran fuerza y poder espiritual, podemos ser engañados. Cuando empezamos a juzgar a las personas por sus dones, caemos en el error. Sansón es un buen ejemplo de alguien que utilizó el poder de Dios pero abusó de los privilegios de su llamado. El Espíritu de Dios descendió poderosamente sobre él y lo apartó de los demás.

Pero Sansón tomó decisiones equivocadas. Por un tiempo las cosas le salieron como quería, y le parecía, tanto a él como a los que lo rodeaban, que a Dios no le importaban las malas decisiones que había tomado. Desafortunadamente, al abusar del poder y del privilegio de su oficio, se tendió una trampa a sí mismo, y con el tiempo, cayó en ella.

En vez de andar con una reverancia santa de la unción, Sansón tomaba a la ligera el poder de Dios. Veo que el cuerpo de Cristo actúa de manera similar, tomando a la ligera la gracia de Dios. Conlleva mucho más esfuerzo tener una relación íntima con Dios que desarrollar el poder de los dones. Requiere de mucho más esfuerzo comportarse con integridad que operar en los dones espirituales. Sansón era un hombre que desplegaba poder pero falló en su relación con Dios.

COMPORTARSE COMO LO HARÍA DIOS

La única señal visible de que alguien tiene una relación estrecha con el Señor es el comportamiento de la persona. Nuestro comportamiento es lo que verdaderamente muestra la persona de Dios a un mundo perdido y moribundo.

Comportarse como lo haría Dios, demostrar el amor genuino que hay en Jesucristo, es el verdadero fruto de nuestra relación con Dios. He visto cómo muchos hombres y mujeres de Dios se mueven con gran autoridad, y obran grandes milagros. Mas sólo Dios conoce quién es cada uno ante el trono del Padre.

La vida de Sansón nos sirve de amonestación a todos los que deseamos conocer a Dios más profundamente. Tómate a pecho las lecciones de este héroe de la fe, y jamás olvides la razón de nuestra espiritualidad: conocer el amor de Dios y revelárselo a los demás.

Entonces dijo a sus discípulos: A la verdad la mies es mucha, mas los obreros pocos. Rogad, pues, al Señor de la mies, que envíe obreros a su mies.

—Mateo 9:37 a 38

9

Amo al Señor de la mies

Jesucristo se lo llama Señor de la mies o la cosecha. Muchos opinan que estamos viviendo en la época a la cual la Biblia se refiere como "la gran cosecha". Es una época cuando Cristo, el Señor de la mies, manifestará su presencia en la tierra para recoger muchas almas para Su reino.

MEDITACIONES SOBRE LA GRAN COSECHA DE DIOS

Para completar mi diario de oración decidí ir a visitar un lugar donde pudiera observar y meditar acerca de la cosecha moderna para que Dios le hablara a mi espíritu acerca de la gran cosecha de almas que está a punto de ocurrir en la tierra.

Conforme diviso los campos de cosecha de heno desde la ventana de la cabaña en la Isla Camano, me imagino a Jesucristo en el cielo, mirando a los campos de cosecha humana en la tierra. Él ve cada alma necesitada que respondería al evangelio si tan solo se le brindara la oportunidad. Él ve cada alma que ha rechazado su propuesta de salvación cuando les fue dada la oportunidad. Ve además el anhelo de cada alma humana, llena de preguntas que Él tan fácilmente podría contestar. ¿Qué ve Él cuando mira los campos listos para ser cosechados? Si tan solo tuvieran el hambre suficiente como para preguntar, Él les contestaría. Si fuéramos a ellos y se lo dijéramos, conocerían y comprenderían.

> "¿No decís vosotros: Aun hay cuatro meses hasta que llegue la siega? He aquí os digo: Alzad vuestros ojos, y mirad las regiones, porque ya están blancas para la siega."
>
> —JUAN 4:35

Es necesario que miremos con los ojos de Jesús, que veamos la cosecha como la ve él. Hay quienes estamos en medio de los campos, listos para cosechar, y sin embargo no nos damos cuenta de ellos. No prestamos atención alguna al hecho de que hay personas que necesitan conocer a Cristo cuando entramos en el mercado. No estamos sensibilizados a ello; sólo seguimos hacia adelante con los ojos vendados. Sólo vamos y cumplimos nuestro cometido, y nos olvidamos de orar por las personas entre quienes hemos caminado. Nos olvidamos de que es necesario pedirle al Espíritu Santo que nos utilice y nos muestre qué hacer y qué decir. Nos olvidamos de preguntarle si necesitamos alentar a alguien, orar, o ser gentil o sonreírle a alguien, escucharlos como Jesús lo habría hecho.

Hay multitudes listas para ser cosechadas, sólo si nosotros estuviéramos dispuestos a caminar por en medio de personas que son distintas a nosotros. Piensa en cuántas almas podríamos ganar para el reino de Dios si estuviéramos dispuestos a entrar en lugares donde nos sentiríamos incómodos. Tenemos que estar dispuestos a empezar una conversación con las personas que son distintas a nosotros.

Tenemos que responder con la compasión de Cristo a sus sufrimientos y dolor.

ÉL LOS ENVIÓ PARA AMARLOS CON SU AMOR

"Y la esperanza no avergüenza; porque el amor de Dios ha sido derramado en nuestros corazones por el Espíritu Santo que nos fue dado."

—ROMANOS 5:5

El amor de Dios ha sido derramado en nuestros corazones por el Espíritu Santo que nos fue dado.

Amo al Señor de la cosecha, y si es así, amo lo que Él ama, y Él ama la cosecha: cada hombre, mujer y niño de toda clase social, nacionalidad, color, parentesco, tribu, lengua y nación (ver Mateo 26:75; Lucas 19:41; Juan 11:35).

El amor de Cristo está en mi ser. Jesús fue conmovido a pasión y a lágrimas. Lloró por Lázaro y por la ciudad de Jerusalén. ¡Oh, cuánto amaba la ciudad, cuánto amaba a Israel, cuánto amaba a los judíos! ¡Cuánto ama a todas las personas! Dios quiere que miremos y veamos lo que Él ve: a todas las personas a quienes Él creó, y que las amemos.

¿Contemplas tú el océano de la humanidad y ves lo que vio Jesús? La razón por la cual el Señor envió a los setenta discípulos fue para amar a las personas necesitadas de este mundo. Él envió obreros para salvar y sanar a un mundo moribundo, un mundo por el cual Él murió.

Después de estas cosas, designó el Señor también a otros setenta, a quienes envió de dos en dos delante de él a toda ciudad y lugar adonde él había de ir. Y les decía: La mies a la verdad es mucha, mas los obreros pocos; por tanto, rogad al Señor de la mies que envíe obreros a su mies. Id, he aquí yo os envío como corderos en medio de lobos. No llevéis bolsa, ni alforja, ni calzado; y a nadie saludéis por el camino. En cualquier casa donde entréis, primeramente decid: Paz sea a esta casa. Y si hubiere allí algún hijo de paz, vuestra paz reposará sobre él; y si no, se volverá a vosotros. Y posad en aquella misma casa, comiendo y bebiendo lo que os den; porque el obrero es digno de su salario. No os paséis de casa en casa. En cualquiera ciudad donde entréis, y os reciban, comed lo que os pongan delante; y sanad a los enfermos que en ella haya, y decidles: Se ha acercado a vosotros el reino de Dios. Mas en cualquier ciudad donde entréis, y no os reciban, saliendo por sus calles, decid: Aun el polvo de vuestra ciudad, que se ha pegado a nuestros pies, lo sacudimos contra vosotros. Pero esto sabed, que el reino de Dios se ha acercado a vosotros. Y os digo que en aquel día será más tolerable el castigo para Sodoma, que para aquella ciudad.

—LUCAS 10:1 A 12

LOS ENVIÓ A LA COSECHA DE A DOS

Cuando Jesús envió a los setenta, lo envió de a dos. Hay un tiempo para estar solitario y estar aparte, pero también hay un tiempo en que sencillamente no podemos estar a solas con Él únicamente. Es necesario que salgamos de a dos. A veces Dios nos quiere a solas en oración, y otras en la cosecha acompañados.

Hace muchos años el Señor me dijo que me había llamado a orar en secreto con Él para poder alcanzar a las personas con su amor. Él desea que salgamos a un campo en particular donde Él nos ha escogido para recoger la cosecha. Tenemos que estar dispuestos a tiempo y fuera de tiempo (2 Timoteo 4:2). Tenemos que estar preparados para presentar defensa de lo que creemos (1 Pedro 3:15). Es posible que a veces lo hagamos sin la ayuda de los demás. En esas ocasiones nuestro compañero es el Espíritu Santo.

Cuando estamos a solas con Él en el lugar secreto es que aprendemos que es nuestro compañero. Aprendemos mucho acerca de permanecer en Cristo. Aprendemos que no podemos hacer nada cuando estamos separados de Él (Juan 15:5). Cuando Él nos envía de a dos, quiere que seamos compañeros el uno del otro. Es posible que tengamos compañeros de oración, y que oremos juntos pidiéndole que salve muchas almas y envíe más obreros para ayudar. Que Su reino sea en la tierra como es en los cielos. Ser enviados de a dos también puede representar unirse en cuanto a la visión y el propósito con los demás miembros del cuerpo de Cristo. Jesús oró pidiendo que los creyentes tuvieran una unidad de corazón y de forma de pensar (ver Juan 17). En los días justo antes de su muerte, Jesús clamó al Padre, pidiéndole que nosotros operáramos como uno, con un solo corazón y mente, para que los demás conozcan que somos Sus discípulos por el amor que tenemos entre nosotros.

ÉL LOS ENVIÓ A PREPARAR EL CAMINO

Cuando Jesús envió a los setenta a cada ciudad y lugar que Él mismo planificaba visitar, el deber de ellos era allanar el camino para la visitación del Maestro. Hoy en día seguimos saliendo unidos de a dos. Si estamos unidos en intimidad espiritual con Dios, nos daremos cuenta de que también compartimos una intimidad con otros miembros del cuerpo de Cristo. Fruto de esta intimidad con Dios es aprender cómo relacionarse con todo el pueblo de Dios, unidos para cumplir con la obra del ministerio.

La Biblia nos dice que debemos rogarle a Dios que envíe obreros a su mies. Lucas 10:2 dice, "Y les decía: La mies a la verdad es mucha, mas los obreros pocos; por tanto, rogad al Señor de la mies que envíe obreros a su mies." La palabra 'rogad' quiere decir "suplicar, pedir; orar (a), presentar petición". La palabra 'súplica' indica una actitud humilde, como la de un siervo. En ocasiones, conforme oramos en el Espíritu Santo, estamos suplicando y rogándole a Dios, es una petición que clama inexorablemente por las almas. Pero esto siempre debe hacerlo quien es humilde ante Dios.

LOS ENVIÓ COMO A OVEJAS EN MEDIO DE LOBOS

"He aquí, yo os envío como a ovejas en medio de lobos; sed, pues, prudentes como serpientes, y sencillos como palomas." (Mateo 10:16). Esta es la manera en que Dios moldea nuestro comportamiento, enviándonos en medio de lobos. Él hace una obra en lo más recóndito de nuestro ser. Mientras tenemos una relación íntima con Dios, Él obra en nosotros, y nos convierte en palomas. Él obra sobre nuestra personalidad y comportamiento. "Hierro con hierro se aguza; Y así el hombre aguza el rostro de su amigo" (Proverbios 27:17).

Cuando nos aguzamos los unos a los otros, nos convertimos en maravillosos instrumentos para los propósitos de Dios. Todos afectamos la vida de los demás de forma que nos tornamos más fáciles de complacer, tiernos y sensibles. Nos volvemos más como las palomas. Pasar tiempo con Jesús nos ayuda a volvernos puros e inocentes. También nos volvemos ovejas prudentes. El fruto de la intimidad con Jesús que ahonda cada vez más, es el hecho de que nos volvemos prudentes y sensibles a los demás, especialmente para con los que son más distintos a nosotros.

Si bien en nuestro carácter se va desarrollando una mansedumbre piadosa, al mismo tiempo es depositada en nosotros una fuerza que nos permite enfrentarnos a los lobos. Nos volvemos más fuertes en Él, y sin embargo más sensibles al mismo tiempo. Vaya paradoja la de volverse fuerte, astuto y sabio y, al mismo tiempo, inocente, prudente y puro. Este es el fruto de una relación íntima con Cristo.

El Señor nos ayuda a discernir cuando los demás están siendo motivados por el enemigo. Cuando veas que el enemigo intente detener la obra de Dios, tienes que confrontarlo con agresividad; sin embargo siempre debes tratar con ternura a las personas. Logras distinguir la diferencia debido a que no luchamos contra sangre y carne, sino contra el enemigo y todos los principados y gobernadores de las tinieblas (ver Efesios 6:12). Eso es lo quiere decir la Biblia cuando dice que somos enviados a la cosecha como ovejas en medio de lobos.

LOS ENVIÓ CON UN ÚNICO PROPÓSITO

> Cuando Jesús envió a los obreros a los campos de cosecha, les dijo, "No llevéis bolsa, ni alforja, ni calzado; y a nadie saludéis por el camino."
>
> —LUCAS 10:4

Cuando desde nuestro lugar secreto de oración Dios nos envía, nos comisiona, nos da una misión. Estas órdenes celestiales deben cumplirse con sencillez de corazón y mente. Nunca permitas que el enemigo te aleje o te distraiga de los propósitos de Dios. Con frecuencia los que son enviados se distraen y se van por la tangente. Estas distracciones pueden ser trampas puestas por el enemigo para impedir que cumplas con tu propósito de traer almas a Cristo.

Cuando nos rehusamos a comentarles a los demás nuestra misión, ni desviarnos hacia los planes de otros, guardamos el propósito de Dios. Sus órdenes, que el Espíritu Santo deposita en nuestro corazón durante la oración, traen consigo la autoridad y el poder del cielo para salvar almas. Un siervo sabio guarda celosamente esos planes, enfocándose en el propósito de Dios hasta cumplirlo.

En cualquiera casa donde entréis, primeramente decid: Paz sea a esta casa.

—LUCAS 10:5

En el Señor encontramos una paz y un descanso inigualable. Cuando entramos ante la presencia del Rey de reyes y luego pasamos tiempo con los demás, traemos paz. Traemos paz a los campos de cosecha, al mundo lleno de problemas.

LOS ENVIÓ PARA FORZAR A ENTRAR A LOS PERDIDOS

"Dijo el señor al siervo: Ve por los caminos y por los vallados, y fuérzalos a entrar, para que se llene mi casa".

—LUCAS 14:23

Tenemos que estar preparados para ir por los caminos y los vallados y constreñirlos a entrar, no sólo con nuestras palabras, sino con nuestro amor y nuestra paz. Los obligaremos a entrar sólo acorde con nuestro celo. El grado al cual seamos conmovidos y motivados por Dios mismo, es el grado al cual saldremos y los compeleremos a entrar.

¿Cómo se logra? Solamente mediante una relación con Dios. Forzarlos a entrar no significa pegarles en la cabeza con una Biblia. No se logrará con furia y brusquedad. Al contrario, seremos hombres y mujeres de paz. Jesús le dijo a sus discípulos que si hubiere allí un hijo de paz, la paz de ellos reposaría en ese lugar, y si no, regresaría a ellos.

Si las personas nos rechazan, no hay nada que podamos

hacer al respecto. Nuestra mera presencia en su vida los prueba. ¿Aceptarán o rechazarán la Palabra y el Espíritu que traemos? Sólo debemos continuar orando. No debemos pelear contra ellos. Si nuestra paz los deja, ellos lo sentirán.

La Escritura dice, "Y posad en aquella misma casa, comiendo y bebiendo lo que os den; porque el obrero es digno de su salario. No os paséis de casa en casa" (Lucas 10:7 a 8). Esto sencillamente nos indica que debemos ir al lugar donde Dios nos envía. Prefiero estar donde Dios me ha enviado que donde los demás quieren que esté.

LOS ENVIÓ PARA QUE FUERAN RECHAZADOS

El Maestro dio instrucciones a los obreros de la cosecha a que fueran a una ciudad y comieran lo que les fuera dado. Debían sanar a los enfermos y pregonar en la ciudad que el Reino de Dios estaba cerca (Lucas 10:8 a 9). Ese también es nuestro deber, el de ir llevando paz a los hogares que entremos. Debemos hablar paz a nuestras ciudades, paz a nuestras comunidades y proclamar "el reino de Dios está cerca tuyo". La razón por la cual podemos decirles que el reino de Dios está cerca de ellos es debido a que el reino de Dios está dentro nuestro.

Si entramos a una ciudad en el nombre del Señor porque así nos lo ha mandado, y las personas no nos reciben, debemos hasta sacudir de nuestras sandalias el polvo de esa ciudad en señal de protesta (Lucas 10:9 a 11). Cuando salimos en el nombre del Señor y las personas nos rechazan, no nos rechazan a nosotros en nuestro nombre, sino que rechazan la paz del reino. Ya han sido condenados porque están ajenos a Dios. Sentirán esa condenación muy en carne propia si rechazan la hora de la visitación del Espíritu Santo. Sobre ellos descenderán la convicción y la condena. Nuestro corazón debería deshacerse en lágrimas por ello.

Dios le extiende al mundo Su mano de misericordia, perdón y reconciliación por medio de la cruz de Jesucristo. Si las personas rechazan Su don, si rechazan Su perdón y no se arrepienten, a la larga el juicio y la condena descenderán sobre ellos. "Él que a vosotros oye, a mí oye; y el que a vosotros desecha, a mí desecha; y el que a mí desecha, desecha al que me envió" (Lucas 10:16).

Cuando somos enviados por Dios nos convertimos en la voz de Cristo; en Sus manos y en Sus pies. Somos Sus embajadores y Sus representantes. Es por esto que es necesario que estemos llenos de Sus alabanzas, paz, sabiduría y fortaleza. Dondequiera que vayamos, debemos hablar las palabras mismas de Dios. Tenemos que hablar como si Dios mismo hablara por medio de nosotros, porque nos hemos convertido en Su voz (1 Pedro 4:11).

Al desarrollar una relación íntima y profunda con Dios, la Palabra y sus principios fluirán hacia el mundo a partir de nuestra relación con Él. No son sólo nuestras palabras las que traerán vida a los demás y hará que se vuelvan a Dios. Es el poder del Espíritu Santo que fluye desde lo más recóndito de nuestro ser y se expresa en nuestras palabras (2 Corintios 3:6).

LOS ENVIÓ QUERIENDO QUE FUERAN LIBRES DE TODO PREJUICIO

"Vino una mujer de Samaria a sacar agua; y Jesús le dijo: Dame de beber. Pues sus discípulos habían ido a la ciudad a comprar de comer. La mujer samaritana le dijo: ¿Cómo tú, siendo Judío, me pides a mí de beber, que soy mujer samaritana? Porque judíos y samaritanos no se tratan entre sí. Respondió Jesús y le dijo: Si conocieras el don de Dios, y quién es el que te dice: Dame de beber; tú le pedirías, y él te daría agua viva. La mujer le dijo: Señor, no tienes con qué sacarla, y el pozo es hondo. ¿De dónde, pues, tienes el agua viva? ¿Acaso eres tú mayor que nuestro padre Jacob, que nos dio este pozo, del cual bebieron él, sus hijos y sus ganados? Respondió Jesús y le dijo: Cualquiera que bebiere de esta agua, volverá a tener sed; mas el que bebiere del agua que yo le daré, no tendrá sed jamás; sino que el agua que yo le daré será en él una fuente de agua que salte para vida eterna. La mujer le dijo: Señor, dame esa agua, para que no tenga yo sed, ni venga aquí a sacarla...En esto vinieron sus discípulos, y se maravillaron de que hablaba con una mujer; sin embargo, ninguno dijo: ¿Qué preguntas? o, ¿Qué hablas con ella? Entonces la mujer dejó su cántaro, y fue a la ciudad, y dijo a los hombres: Venid, ved a un hombre que me ha dicho todo cuanto he hecho. ¿No será éste el Cristo? Entonces salieron de la ciudad, y vinieron a él...¿No decís vosotros: Aún faltan cuatro meses para que llegue la siega? He aquí os digo: Alzad vuestros ojos y mirad los campos, porque ya están blancos para la siega. Y el que siega recibe salario, y recoge fruto para vida eterna, para que el que siembra goce juntamente con el que siega. Porque en esto es verdadero el dicho: Uno es el que siembra, y otro es el que siega. Yo os he enviado a segar lo que vosotros no labrasteis; otros labraron, y vosotros habéis entrado en sus labores".

—JUAN 4:7 A 15, 27 A 30, 35 A 38

Esta mujer de Samaria era diferente. Deseaba beber agua fresca, no sólo para saciar su sed física, sino también suplir su verdadera necesidad, agua para su alma. Nuestros prejuicios no permiten que los que estén sedientos puedan beber de Su agua pura. Resulta evidente que los discípulos tenían prejuicios en contra de ella. Según más estrecha nuestra relación sea con Cristo, más nos libra de nuestros prejuicios. El prejuicio se va cuando nos enamoramos del Señor de la cosecha. Debemos comenzar a amar lo que Él ama. Él deposita tanto amor y sanidad en nuestro corazón, que nos libera del racismo.

Comúnmente, los discípulos jamás le habrían dirigido la palabra a una mujer, especialmente una samaritana. A esta mujer la despreciaban, pues venía de un pueblo rechazado, un pueblo al cual no aceptaban. Era de raza mixta y se la consideraba de segunda.

Cuando los sentimientos de prejuicio son extirpados de nuestro corazón, es reflejo de nuestra relación íntima con Dios. Si los prejuicios permanecen, ello indica que nuestra relación con Dios no es tan estrecha como pensamos. Cuando somos transformados para ser más como Cristo no temeremos que otros nos vean junto con personas que son distintos de nosotros o provienen de otra clase social.

Jesús le dijo a la mujer que los que adoran deben hacerlo en espíritu y en verdad. Él le reveló a ella quién era Él y cómo ella debía adorarlo. Lo que me conmueve mucho es que Jesús sacó tiempo para estar con ella, una mujer rechazada. Él no hace acepción de personas (Hechos 10:34). Esto es lo que nos ocurre en nuestra relación íntima, comenzamos a apreciar cada diferencia, los distintos matices de piel, cada clase social. Comenzamos a apreciar a los ancianos y a los jóvenes, los negros, los trigueños, los blancos, amarillos y rojos. Comenzamos a celebrar la hermosa diversidad que Dios ha puesto en la familia humana.

Cuando empezamos a apreciar las diferencias no decimos, "no veo el color, no veo las diferencias". De hecho, cuando son abiertos nuestros ojos y vemos la perspectiva de Jesús, sí vemos las diferencias. Pero igual que antes. Las vemos con ojos llenos de admiración por lo que Dios ha formado.

LOS ENVIÓ PARA QUE AMARAN A LOS PERDIDOS

Dios no sólo se preocupa por lo que hacemos externamente con nuestras acciones, sino con nuestro corazón y las actitudes de nuestro interior (Marcos 2:8). Él sabe lo que ocurre adentro, pero los demás no siempre se dan cuenta. Si vamos a salir a los campos de cosecha junto con los samaritanos, por así decirlo, nuestro amor y respeto por ellos debe ser genuino. De lo contrario sabrán que somos falsos.

Cuando los discípulos le rogaban a Jesús que comiera luego de ocurrido el incidente con la mujer samaritana, reaccionó de una manera muy peculiar. "Él les dijo: Yo tengo una comida que comer, que vosotros no sabéis (John 4:32).Los discípulos se preguntaban si alguien le habría traído algo para comer. "Jesús les dijo: Mi comida es que haga la voluntad del que me envió, y que acabe su obra" (Juan 4:34). Esta también es nuestra comida, hacer la voluntad del Padre y cumplir con el llamado que Él nos ha dado, tal como lo hizo Jesús.

La mujer samaritana no sentía que podía tener la experiencia de descubrir al Cristo sin ir y compartírselo a los demás. De inmediato fue a compartir su testimonio con los demás. Cuando somos un testigo eficaz para Cristo y hacemos "obra de evangelista", es indicativo de que tenemos una relación estrecha con Jesús (2 Timoteo 4:5 a 6). Este el fruto propio de una relación íntima. Somos como Pablo, nos convertimos en un libación. Cuando una persona arde con el deseo de ganar almas para Dios, llega a conocer profundamente el corazón de Dios. Nos sentimos satisfechos cuando nuestra comida es la de hacer la voluntad del que nos envió y cumplir Su obra. Hacerlo nos deriva cierta satisfacción. Cumplir Su voluntad se convierte en nuestra comida, en lo que nos sostiene.

Jesús estaba aplaudiendo a la mujer samaritana por haber

regresado a su aldea a compartir con los demás. Esta nueva creyente se convirtió en evangelista al ir y ganar a los demás.

LOS ENVIÓ PARA DERRAMAR SUS ALMAS POR LOS DEMÁS

Jesús había pasado un tiempo a solas con el Padre cuando fue ante Su presencia para compartir lo que había en el corazón de los perdidos. Había derramado su alma en oración al Padre. Si logramos derramar nuestra alma ante el Padre y los unos ante los otros, desarrollaremos aún más la habilidad de permitir que los demás hagan los mismo con nosotros. Debido a la sensibilidad que recibimos durante nuestros momentos de intimidad con el Espíritu Santo, tendremos mayor entendimiento cuando compartamos con los demás.

Jesús nos extiende un llamado hoy a levantar la mirada más allá de nuestro yo y de nuestras necesidades. Pero para hacerlo tendremos que esforzarnos. Hay ciertas cosas que tenemos que hacer. Él nos dice: "unge tus ojos con colirio, para que veas, deja que Yo te los abra y te muestre lo que veo:los campos, blancos para la siega" (ver Apocalipsis 3:18). Pídele a Dios que te de una visión, que te revele su corazón y te abra los ojos para que puedas ver con los Suyos. Él que entró en sus labores ya está recibiendo su salario y recogiendo fruto para vida eterna, para que el que siembra goce juntamente con el que siega (Juan 4:38).

LOS ENVIÓ EN UNIDAD

En el tiempo de cosecha todo el mundo tiene obligaciones. Algunos cumplen una función dentro del cuerpo de Cristo y otros otra, pero todos nos beneficiamos. Algunos vienen y se limitan a recoger la cosecha pero no tienen parte en ella. Otros se benefician directamente de la misma. En la cosecha que he presenciado he visto cumplirse este principio. Mis amigos y su ganado se beneficiaron directamente. El hombre que tenía el tractor para cortar y atar el heno trabajaba en la cosecha pero de una forma diferente. Él se beneficiaba porque se llevaba la mitad de la cosecha como pago de su labor. No había intercambio de dinero.

Los demás que no vivían en la finca venían para cosechar. Siento que esto tiene significado para la Iglesia de hoy. Muchos pastores y líderes temen ayudar a otros ministerios porque puede darse como resultado que ese ministerio crezca más en asistencia o sea más conocido. No quieren ver que los demás tengan éxito. No pueden gozarse en el éxito de los demás. La Escritura dice que cuando uno llora, el otro también; cuando uno sufre, el otro también (Romanos 12:15). Todos deberíamos compartir juntos lo bueno. Al mismo tiempo, cuando hay alguien que sufre rechazo o está triste, deberíamos hacer otro tanto. A veces sólo necesitamos estar con esa persona, sin necesidad de decir palabra.

El Señor nos está llamando a todos a compartir en la cosecha. Algunos segamos y otros sembramos, pero es el Señor quien da crecimiento. El Señor de la cosecha es Él. Es Él quien tiene la respuesta. No hay cabida para la división, sólo para la unidad. La Biblia exhorta a los creyentes a la unidad. Es una exhortación que procede directamente del corazón de Dios.

"Os ruego pues, hermanos, por el nombre de nuestro Señor Jesucristo, que habléis todos una misma cosa, y que no haya entre vosotros divisiones, sino que estéis perfectamente unidos en una misma mente y en un mismo parecer. Porque he sido informado acerca de vosotros, hermanos míos, por los de Cloé, que hay entre vosotros contiendas; Quiero decir, que cada uno de vosotros dice: Yo soy de Pablo; y yo de Apolos; y yo

de Cefas; y yo de Cristo. ¿Acaso está dividido Cristo?
¿Fué crucificado Pablo por vosotros? ¿O fuisteis bautizados en el nombre de Pablo? Doy gracias a Dios, de
que a ninguno de vosotros he bautizado, sino a Crispo
y a Gayo, Para que ninguno diga que fuisteis bautizados
en mi nombre."

—1 Corintios 1:10 a 15

Pablo nos exhorta a los creyentes a ser unidos y a rechazar
divisiones. Al igual que Pablo, hemos sido enviados a
predicar el evangelio a las almas del mundo que están perdidas y necesitadas. El Espíritu Santo se está moviendo sobre
los creyentes en todas partes, uniéndonos. Cuando nos
rendimos a ese santo mover del Espíritu, encontramos que
no hay cabida en nuestro corazón para las divisiones. Por
demasiado tiempo los miembros de la Iglesia han tenido
temor del éxito de los demás y lucharon celosamente por
mantener el control y la posición. Dios nos está llamando a
echar por tierra el orgullo religioso y el beneficio propio.
Debemos hacer a un lado las barreras denominacionales que
nos dividen. Si es que vamos a tomar parte en la gran
cosecha de almas que nos espera, resulta imperativo deshacernos del orgullo, de los celos y del sentimiento de que
somos mejores que los demás.

"Yo planté, Apolos regó; pero el crecimiento lo ha
dado Dios."

—1 Corintios 3:6

Durante el tiempo de la gran cosecha de almas no habrá
lugar alguno para los celos ni la competencia. Cuando nos
resistimos a la unidad somos impedimento para la cosecha.
Queremos ser más grandes y mejores que la iglesia de la
cuadra, pero en vez de hacerlo, estamos siendo obstáculo al

supremo plan de Dios. No estamos operando con la mente de Cristo.

Para poder recoger la cosecha, nuestra vida debe reflejar lo que dice Juan 3:30: "Es necesario que él crezca, pero que yo mengüe". Jesucristo debe crecer en nosotros, como personas y como cuerpo. Nosotros tenemos que mengüar para abrirle camino a la cosecha y al Señor de la mies. Tenemos que vaciarnos de nosotros mismos para ser llenos de Cristo.

> "Y vinieron a Juan y le dijeron: Rabí, mira que el que estaba contigo al otro lado del Jordán, de quien tú diste testimonio, bautiza, y todos vienen a él. Respondió Juan y dijo: No puede el hombre recibir nada, si no le fuere dado del cielo. Vosotros mismos me sois testigos de que dije: Yo no soy el Cristo, sino que soy enviado delante de él. Él que tiene la esposa, es el esposo; mas el amigo del esposo, que está a su lado y le oye, se goza grandemente de la voz del esposo; así pues, este mi gozo está cumplido. Es necesario que él crezca, pero que yo mengüe".
>
> —JUAN 3:26 A 30

Con frecuencia hemos escuchado que hay que allanarle el camino al Señor, hay que quitar de en medio todo tropiezo. Sin embargo, la mayoría de las veces resulta que el impedimento somos nosotros. Nuestros celos, egoísmo y orgullo son obstáculos que impiden que se cumplan el plan y los propósitos de Dios.

REFLEXIONES SOBRE LA GRAN COSECHA

Hoy trabajé en la siega de la finca de mis amigos. Ya que debíamos recoger, cortar y guardar para el invierno más de quinientos fardos de heno o paja, era crucial segar el heno maduro lo más rápido posible. Para ese fin, hombres y muchachos provenientes de muchos lugares se unieron a la labor. La mitad de la cosecha se segó en menos de dos horas.

Lo que resulta interesante acerca de la cosecha moderna es que los que vinieron a ayudar eran de la ciudad. Sólo uno del grupo de treinta hombres, mujeres y niños era agricultor. Pero todos ayudaron, cumpliendo su función en la labor. Unos servían a otros conforme trabajaban y se preparaban para la celebración que habría de venir después.

Cuando meditaba sobre este maravilloso evento, le pedí a Dios que ese día me ayudara a aprender una lección espiritual. Pensé en el simbolismo profético propio de la cosecha.

Vez tras vez los profetas de nuestra generación han declarado que Dios va a segar una poderosa cosecha de almas. Al mirar los campos pensé acerca de las miles de personas que Dios va a traer a su reino, de todo linaje, lengua, pueblo y nación segadas para entrar en la casa de Dios.

Hace muchos años Jesús miró los campos y vio otro tipo de cosecha: una cosecha de almas. Es necesario pedirle al Espíritu Santo que nos muestre lo que Jesús vio en ese entonces, y lo que ve hoy cuando dirige su mirada hacia la tierra. Debemos rendir nuestros corazones a una visión de las almas, listas y esperando ser salvas y ser traídas a la casa del Padre, donde puedan ser sanadas y cuidadas por la eternidad.

Lo otro que noté acerca de la cosecha de hoy es que, aunque los trabajadores carecían de experiencia, realizaron una magnífica labor, lo mejor que pudieron. Los niños descubrieron maneras creativas para ayudar. Un niñito tenía un vagoncito sobre el cual arrastró al granero un inmenso fardo de heno. Otro muchacho hizo otro tanto con una carretilla y logró llevar dos fardos al granero. Los niños eran muy ingeniosos y trabajaban con gran dedicación y esmero.

Dos camionetas cargaban más de treinta fardos grandes,

mientras que en el vagoncito sólo cabía uno. Ese único fardo de heno cargado por un niñito era igual de importante que todos los fardos que iban en la camioneta de los hombres grandes.

Todos se arremangaron y se pusieron manos a la obra, y la unidad hizo que ese tiempo fuera maravilloso. La jornada finalizó con una gran celebración. Los trabajadores hambrientos compartieron una rica comida que varios habían estado preparando, una comida para celebrar lo que la fidelidad de Dios había obrado.

Así es como va a suceder: conforme va entrando la cosecha, nos regocijaremos juntos; entonces tendremos una maravillosa celebración y una gran fiesta al final de los tiempos cuando nos reuniremos con nuestro amado Señor.

Durante la cena en la finca confraternizamos y hablamos. Algunos se conocían desde hacía varios años y se congregaban en la misma iglesia; otros venían de iglesias que querían ayudar. Aún vinieron desconocidos que acababan de conocer a los otros por primera vez.

¡Qué tremendo ejemplo de lo que Dios está haciendo dentro del cuerpo de Cristo! Él nos está uniendo para ayudar a quienes no conocíamos antes. La unidad que presencié hoy fue algo hermoso, tantas personas juntas ayudándose. Y la labor se completó antes de lo previsto.

Cuando oscureció y salieron las estrellas alguien prendió una fogata. Nos sentamos juntos y compartimos una profunda sensación de satisfacción y saciedad. Reflexionamos sobre el día, el día de cosecha, y hablamos acerca de la gracia de Dios. Sentimos gran paz, descanso y satisfacción, probamos un poco de cómo será cuando el Señor de la Cosecha termine de segar las almas.

> Jesús les dijo: Mi comida es que haga la voluntad del que me envió, y que acabe su obra.
>
> —JUAN 4:34

187

HACER LA VOLUNTAD DEL
PADRE ES FRUTO DE LA INTIMIDAD

Trabajamos mucho y luego comimos mucho. Hacer la voluntad del Padre es el fruto de tener una realción íntima con el Amado. Traer los fardos de heno constituía una señal profética de la gran cosecha que se acerca.

Le doy gracias al Señor por darme la oportunidad de quedarme en la cabaña de la finca para escribir parte de este libro. El Espíritu Santo tuvo un encuentro especial conmigo. Desde la ventana de la sala de la cabaña podía contemplar los campos y ver que estaban maduros. Muchos de nosotros miramos a través de las ventanas de nuestros hogares y vemos en nuestras calles, comunidades y ciudades los campos maduros, listos para la siega.

Es en nuestra cámara secreta de oración que comenzamos a ver el mundo desde la persectiva de Dios. Al hacerlo seremos llenados con una visión amplia y una compasión y motivación profundas. Después de eso iremos a ayudar en la siega de almas. Este es el fruto de la intimidad con el Amado. Recogeremos la cosecha con las herramientas de sabiduría y poder que nos han sido dadas durante nuestros momentos de intimidad con el Señor de la mies.

Aprendí muchísimo al trabajar en la cosecha del heno. Ví cómo Dios contestó la oración en lo natural, pues mis amigos habían estado orando por trabajadores que les ayudaran con tan grande labor. Presencié una señal física de cómo Dios contesta nuestra oración cuando clamamos al Señor de la cosecha. Al orar en secreto y clamar al Señor sentimos el latir del corazón de Dios y Su compasión. Pero nos ocurre algo más. Cuando salimos del lugar secreto, somos motivados para forzar a que se conviertan las almas (ver Lucas 14:23).

En muchas ocasiones no clamamos al Senor antes de salir corriendo e intentar forzar a que los demás entren al reino. Tenemos que permitir que sea el Espíritu Santo quien revele el momento indicado para salir y ganar almas. Para tener éxito debemos siempre ser guiados por el Espíritu Santo.

> "Dijo también al que le había convidado: Cuando haces comida o cena, no llames a tus amigos, ni a tus hermanos, ni a tus parientes, ni a vecinos ricos; no sea que ellos a su vez te vuelvan a convidar, y seas recompensado. Mas cuando hagas banquete, llama a los pobres, los mancos, los cojos y los ciegos; Y serás bienaventurado; porque ellos no te pueden recompensar; pero te será recompensado en la resurrección de los justos."
>
> —LUCAS 14:12 A 14

El Señor nos dejó instrucciones claras. Él es quien nos dice a quiénes tenemos que invitar a nuestros hogares para que vengan a cenar con nosotros. Más que el tipo de persona a quien debemos ir, el Señor nos enseña aquí acerca de cómo debe ser nuestro corazón cuando vamos de camino. No debemos buscar que se nos de nada a cambio. Es el Señor quien nos recompensará en la celebración después de la siega.

PREPARATIVOS PARA LA COSECHA

Antes de juntar la cosecha, mi amigo limpió el granero. Esto también me parece un principio maravilloso. Había que preparar la casa de Dios: hay que limpiarla; hay que purificarla. Tiene que mantener una vida de santidad, pureza y arrepentimiento para que cuando Dios esté listo para juntar la cosecha, el granero también esté listo para recibirla.

NUESTRA CASA ESTARÁ LIMPIA

Es necesario que la casa de Dios esté lista para recibir a los nuevos, ya que vamos a tener que instruirlos, y debemos hacerlo con un corazón puro. Por lo tanto tenemos que caminar en santidad y justicia y servirles de ejemplo. Cuando se trajo la cosecha al granero los fardos fueron apilados unos encima de otros. El heno casi tocaba el techo. Esto es lo que Dios quiere hacer. Quiere llenar nuestras iglesias y nuestros hogares de personas que han sido salvas en la siega. Resulta crucial que estemos preparados.

Mientras observaba a los intercesores que estaban en el campo junto con los trabajadores, recibí una revelación adicional. Estos alentaban a los demás. Nosotros entramos a nuestro lugar secreto de oración para orar, pero cuando salimos, es para alentar a las personas por las cuales hemos estado orando.

Una vez que tienes intimidad con el Señor y eres lleno de su amor y bondad, te das cuenta de que quieres ser una persona positiva. Quieres alentar a los demás, saber cómo les va y cómo puedes ayudarles. Es de gran bendición alentar a otra persona o ayudarlos afectuosamente en su labor. Este es el fruto que nace de una relación íntima con Jesucristo desarrollada enel lugar secreto de oración.

CONCLUSIÓN

Nuestras oraciones hechas enel lugar secreto pueden llegar al mundo. Esto no quiere decir necesariamente que nos arrodillemos por las calles o hagamos una gran reunión pública de oración. A veces quiere decir que sencillamente debemos ser lo que somos: una oración viviente.

Cuando sale a luz el fruto de la intimidad con Dios, llevamos su presencia a los demás, esa fragancia Suya en nosotros que nace de la oración.

Creo que lo que necesitamos para que se logre una evangelización a nivel global es sentir pasión por Cristo. Cuando nosotros, Sus obreros, sentimos el latido de Su corazón y sentimos Su pasión, conoceremos el sentir que hay en lo más profundo del corazón de Dios. El Señor ama a las personas y su corazón late por los perdidos. Cuando tenemos una verdadera intimidad con Jesucristo amaremos lo que Él ama y buscaremos lo que Él busca. La intimidad con Jesús es lo que nos motiva a ganar las almas perdidas. ¿Estamos dispuestos a compartir a Cristo con los demás para que puedan conocer a quien tanto los ama?

Un día le pregunté al Señor en oración qué había en su corazón. Me contestó: "Las almas, llevo a las almas en mi corazón".

Amo al Señor de la mies, es por eso que amo lo que Él ama, ¡y Él ama la cosecha!

NOTAS

CAPÍTULO 3
UNA ESPOSA DISPUESTA A PAGAR EL PRECIO DE LA INTIMIDAD

1. Diccionario Océano de Sinónimos y Antónimos publicado en el 98 en Barcelona, España

CAPÍTULO 4
LA MANO INVISIBLE

1. Vigésima primera edición del Diccionario de la Real Academia Española, 1992
2. Vigésima primera edición del Diccionario de la Real Academia Española, 1992

CAPÍTULO 8
LECCIONES APRENDIDAS DE ALGUIEN CONSAGRADO

1. Diccionario Océano de Sinónimos y Antónimos publicado en el 98 en Barcelona, España; the Vigésima primera edición del Diccionario de la Real Academia Española, 1992

Para información adicional,
póngase en contacto con la Rev. Pat Chen a
la siguiente dirección postal:

FIRST LOVE MINISTRIES INTERNATIONAL
P.O. BOX 1977
SAN RAMÓN, CA 94583≈6977

DIRECCIÓN FÍSICA:
12919 ALCOSTA BLVD, SUITE 2A
SAN RAMÓN, CA 94583≈6977
ESTADOS UNIDOS DE NORTEAMÉRICA
TELÉFONO: (925) 244≈9600
FAX: (925) 244≈9604
CORREO ELECTRÓNICO: flmi@iname.com

Casa Creación

Presenta

libros que edifican,
inspiran y fortalecen

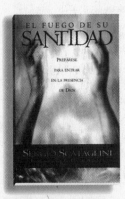

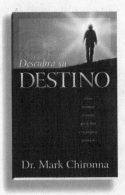

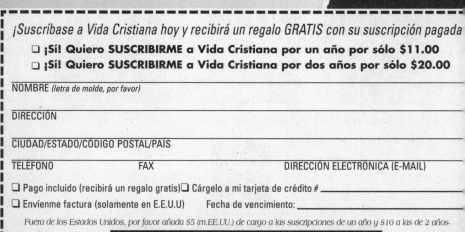